Dora Sachs

Das andere Lied

Dora Sachs

Das andere Lied

Geschichten um Weihnachten

HANS THOMA VERLAG

Die Deutsche Bibliothek – CIP-Einheitsaufnahme

Sachs, Dora:
Das andere Lied: Geschichten um Weihnachten / Dora Sachs.
– Karlsruhe: Hans-Thoma-Verlag, 1994
ISBN 3-87297-126-3

1994

Umschlaggestaltung und Illustration: Bernhard Kutscherauer
Satz: Fotosatz Krieg, 77933 Lahr
Druck und Verarbeitung: Schauenburg Grafische Betriebe GmbH,
77963 Schwanau-Allmannsweier

ISBN 3-87297-126-3

Inhalt

Das Geschenk

Vielleicht hat Helmuth doch recht gehabt. Er denkt immer vernünftig. Das Drängen und Schieben der Menschen, mit Tüten und Schachteln beladen, das nervöse Schrillen der Straßenbahnen, diese Fetzen von Weihnachtsliedern an jeder Ecke, die wie aufgescheuchte Vögel umeinander schwangen und wogten: all dies ging Monika plötzlich unter die Haut. So viel pulsierendes Leben! Es machte sie schwindelig. Sie hing sich fester an Helmuths Arm. Und doch, war es nicht dies, wovon sie geträumt hatte in jenen langen Krankenhausnächten: sich wieder treiben zu lassen in einem Strom von gesunden Menschen, sie von alltäglichen Dingen plaudern zu hören, Worte wie Computertomographie und Syntigramm wenigstens über die Weihnachtszeit zu vergessen? Nun war es soweit, und sie wollte sich ihre Schwäche nicht anmerken lassen. Sie war entschlossen, jede Minute ganz auszukosten.

Ein glückliches Paar, mochte mancher wohl denken, der sie so Arm in Arm einherschlendern sah. Wirklich glücklich? In den Tagen der Krankheit, die träge und grau verstrichen waren, hatte Monika viel nachgedacht – mehr als es sonst ihre Art war. Die Erkenntnis war ganz allmählich gewachsen: Sie hatten schon lange mehr nebeneinander als mit- und füreinander gelebt. Was wußte der eine denn noch davon, was der andere dachte und fühlte? Wann hatten sie das letzte Mal wirklich miteinander gesprochen, wann sich ihrer Liebe versichert? Und wann, fragte sie sich, wenn sie auf die letzten Jahre zurücksah, hatten sie einmal den Mut gehabt, dem Alltag, und wenn nur auf ein paar Stunden, zu entfliehen? Keine Glanzlichter mehr, keine Höhepunkte in ihrer Ehe! Stattdessen hatten sie beide ihren Berufen die ganze Kraft geschenkt, sich der Erziehung der Kinder gewidmet. Alles richtig und anerkennenswert, dachte die Frau. Doch darüber war ihre Ehe trist und müde geworden. Gleichgültigkeit hatte sich eingeschlichen wie ein Gespenst, unmerkbar, tückisch.

Hatte es erst der Krankheit bedurft, um das zu erkennen? Verstohlen betrachtete sie ihren Mann von der Seite: der Mund schmal geworden, mit Winkeln, die traurig nach unten zeigten, und von der Nase zum Mund hatten sich Falten eingegraben, die von Resignation und Enttäuschung sprachen.

In aufwallender Zärtlichkeit drückte sie seinen Arm: Du, wir sind wieder zusammen! Laß uns doch einen neuen Anfang machen! Ihr Signal mißverstehend, blickte er besorgt zu ihr herunter, die Stirn in Falten gelegt, was wohl heißen sollte: Ich wußte es ja, es ist dir zu viel. Sei ein vernünftiges Mädchen und komm mit nach Hause! „Nein, nein“, rief sie, „es ist alles in Ordnung. Ich möchte noch stundenlang so mit dir gehen.“ Er schaute sie an, und zum ersten Mal wieder war da etwas in seinem Blick, was sie wärmte, was nicht nur Besorgnis verriet. „Das hast du schon lange nicht mehr gesagt“, bemerkte er mit einem zaghaften Lächeln.

Und sie dachte: Das ist es wohl, daß wir zu sparsam geworden sind, zu sparsam mit Worten und Gesten, die unsere Gefühle verraten. Der Wunsch, irgendwo ruhig mit ihm zu sitzen, mit ihm zu reden, übermannte sie plötzlich. Und sie wußte auch, wo dies geschehen sollte. „Laß uns eine Kleinigkeit essen", schlug sie vor. „Nein, nicht im „Kurfürsten", bitte!" Sie schob ihn zielbewußt fort aus dem Getümmel in die Gasse gleich rechter Hand und ein paar Stufen hinab in ein kleines, verrauchtes Lokal. Herausfordernd sah sie ihn an, mit inzwischen geröteten Wangen: „Erinnerst du dich?" Er nickte. „Natürlich, es hat sich hier nicht viel geändert seit damals". „Nein", sagte sie, „hier ist kaum etwas anders geworden. Aber wie steht es mit uns?" Er nahm ihre Hand, und wieder war da dieses Lächeln, das sie beglückte.

Das Lokal war um diese Stunde noch leer. Nur ein paar junge Leute diskutierten geräuschvoll. Biergläser klirrten. „Unser Stammplatz ist frei", be-merkte sie und nahm auf einer der Eckbänke Platz. „Komm, setz' dich zu mir, wie damals." Während er die Mäntel aufhing, puderte sie sich verstohlen die Nase. „Den Luxus, hier eine Mahlzeit einzunehmen, konnten wir uns nur sonntags leisten, erinnerst du dich?" Er blickte sie nachdenklich an. „Wir waren glücklich damals", sagte sie leise und legte ihre Hand auf die seine. „Glücklich, weil jeder dem anderen helfen konnte, jeder erriet, was der andere sich wünschte." „Ja", sagte er, „wir waren jung. Halbe Nächte haben wir hier gesessen und miteinander gesprochen."

„Und wir haben gefeiert!“ Er nickte. „Bei Pellkartoffeln und Quark!“

„Und manchmal bei Champagner und Kaviar“, ergänzte sie lächelnd, „wenn der Verlag mir eine Geschichte abnahm.“ Inzwischen sind wir vernünftig geworden“, bemerkte er, und sie stellte mit Genugtuung fest, daß es ein wenig bedauernd klang. „Ja“, sagte sie „sehr vernünftig! Keine Nachtgespräche, kein Champagner mehr und kein Kaviar! - Nur ...“, fuhr sie fort – und hielt dann inne. „Nur was?“ bohrte er und sah sie erwartungsvoll an. „Nur, wollte ich sagen, daß zum Glück und zur Liebe manchmal auch ein bißchen Verrücktheit gehört.“ Er sah sie nachdenklich an. „Aber wir sind jetzt Menschen, die als Vorbilder wirken. Verrücktheiten sind da nicht am Platze.“ „Vielleicht hast du recht, vielleicht auch nicht; wir müßten einmal darüber sprechen. Aber jetzt“, fuhr sie fort, sich an ihn schmiegend, „habe ich trotzdem Lust, ein bißchen verrückt zu sein. Laß uns ausnahmsweise mal einen Schaufensterbummel machen!“ Er nickte ernst. „Jedoch du kennst unsere Vereinbarung ja: auch dieses Jahr keine Geschenke!“ „Nein, nein“, sagte sie mit einer kleinen Grimasse, „ich weiß, Weihnachtsgeschenke sind überflüssiger Luxus, Relikte überholter Bürgerlichkeit.“ Ihre Stimme klang ein wenig ironisch, und er sah sie erstaunt von der Seite an.

Die Kette thronte auf einem Podest aus blauem Samt im Fenster des Juweliergeschäfts in der Langen Straße – wie eine Königin, die mit ihrem Prunk aller Blicke auf sich zieht und den Hofstaat überstrahlt wie die Sonne die Sterne: Ein stilisierter Nachen aus Gold, mit kleinen Brillanten besetzt, von einer dünnen Kette getragen. Die Frau war nicht närrisch auf Schmuck und sie hätte es selbst nicht erklären können, warum der Anblick dieses Geschmeides sie so in den Bann zog. Minutenlang stand sie so da. „Ein Nachen, sieh mal, ein goldener Nachen!“ flüsterte sie. „Ja“, sagte er, „eine schöne Arbeit.“

Der Weihnachtsabend kam und ließ zunächst nichts Außergewöhnliches ahnen. Das bahnte sich an, als Helmuth mit ernster Stimme bemerkte: „Meine Liebe, ich fürchte, du wirst heute abend auf etwas verzichten müssen“. Monika schaute fragend. „Auf den Kartoffelsalat nebst Zubehör, nämlich“, fuhr Helmuth fort. Mit geheimnisvollen Gebärden ließ er sodann aus der hintersten Ecke des Kühlschranks ein Glas auftauchen, das die Aufschrift „Russischer Kaviar“ trug. „Den Champus findest du auf dem Balkon!“ rief er der überraschten Monika zu.

Später am Abend – sie waren in gelöste Stimmung geraten und hatten einander im Schimmer der Kerzen manches gestanden, was ihnen im nüchternen Licht des Alltags albern geklungen hätte – verschwand Monika plötzlich und kehrte mit einer Schachtel zurück. „Ich weiß, daß es gegen die Abmachung ist“, lächelte sie wie um Verzeihung bittend. „Aber ich konnte nicht anders, ich mußte dir einfach diese Kamera schenken. Die alte tut es wirklich nicht mehr!“

„Du bist ein ungezogenes Mädchen“, drohte ihr Helmuth, doch sie sah das Aufleuchten seiner Augen. „Dafür mußt du nun aber die Konsequenzen tragen.“ Er zog er ein längliches Etui aus der Tasche.

„Bist du wahnsinnig!“ schrie sie, als sie die Kette erblickte. „Hast du nicht neulich selber behauptet, daß zur Liebe ein Stückchen Verrücktheit gehört?“ gab er zurück. Sein Lachen war das eines übermütigen Jungen. Monika schlang ihre Arme um ihn. „Es ist fast wie damals“, flüsterte sie. „Beinahe noch schöner, weil wir jetzt wissen, wie kostbar das Leben ist – und wie leicht man das Glück auf dem Wege verliert.“

Das Tagebuch

Man konnte, so jedenfalls sagte die Mutter, fast darauf gehen, daß Achim, dieser erregbare Junge mit dem schwarzen struppigen Haar und den dunklen Augen, immer dann zu fiebern begann, wenn besondere Ereignisse nahten, als wolle der kleine Körper eine unerträgliche Spannung auf diese Weise abreagieren. So war Weihnachten auch in dieser Hinsicht kein zufälliger Zeitpunkt für unsere Geschichte.

Die Mutter, mehr als an allen anderen Tagen beschäftigt, wie alle Mütter in diesen Stunden vor dem Heiligen Abend, steckte nur hin und wieder den Kopf durch die Tür, um nach Achim zu schauen, der seit dem Morgen über Hals- und Kopfschmerzen klagte.

Das Kind schloß die Augen vor der glitzernden Helligkeit, die der Schnee durch das Fenster warf. Doch dann zuckten flammende Pfeile über die geschlossenen Lider, und wie immer, wenn er vom Fieber heimgesucht war, begann dieses gräßliche Kreisen, Runde um Runde, über dem gähnenden Abgrund.

Durch das Dröhnen in seinen Ohren hindurch vernahm er die grelle Stimme von Konrad. Oh, wie er ihn fortwünschte, diesen Bruder! Und wie er das dumme Getue haßte, das Mutters Kundinnen um ihn machten: Ach wie entzückend, wie süß! Diese blonden Locken, diese Kirschenaugen – der Mutter wie aus dem Gesicht geschnitten!

Für ihn, Achim, hatte man allenfalls ein nachsichtiges Na-wie-geht's-denn? übrig. Oder neuerdings immer die gleiche Frage: Und was macht die Schule? – Wenn er dann zu erzählen begann von der Eins zum Beispiel, die er neulich im Diktatheft nach Hause gebracht hatte, wandten sie sich schon von ihm ab, weil Konrad sich eben diesen Augenblick ausgesucht hatte, um eine Schau abzuziehen und die Leute zum Lachen zu bringen. Doch viel schlimmer war es noch anzusehen, wie die Mutter den kleinen Bruder öfter so liebevoll an sich drückte. Ob die Mutter ihn, Achim, als er noch klein war, auch so gehätschelt hatte? Er konnte sich gar nicht erinnern – jetzt tat sie es eigentlich nie mehr, wenn er es recht überlegte.

Und da war er wieder, dieser Verdacht, der wie ein Schatten plötzlich auftauchen und ihm die schönsten Stunden verdüstern konnte: Vielleicht war er gar nicht Mutters richtiges Kind? Vielleicht hatte man ihn aus dem Waisenhaus geholt?... Meist gelang es ihm, diesen Gedanken abzuwehren, ihn irgendwohin zu vertreiben, bevor er sich breitmachen konnte; doch an jenem Tag brannte das Fieber die Wälle nieder, die er gelernt hatte, um sich zu ziehen und ließ ihn hilflos zurück.

Ich muß es wissen, dachte das Kind. Doch wie die Wahrheit erfahren? Unruhig warf er sich hin und her. Die Mutter fragen? Und wenn sie ihm das Furchtbare nicht gestehen wollte? Der Einfall war plötzlich da und erschien ihm gut: Er würde die Mutter testen. Da gab es diese Geschichte, die sie ihm eines Abends erzählte und die ihm so wichtig und wunderbar schien, daß er sie nicht vergessen konnte. Jedes Wort war wie ein Siegel auf seinen geheimen Wunschtraum gewesen. Doch nur aus Mutters Munde hatte sie diese Bedeutung. Wenn sie nun seine richtige Mutter ist, dann wird sie sie ihm erzählen, jetzt auf der Stelle, ganz gleich, was es sonst noch zu tun geben würde.

Die Frau schloß erleichtert hinter der letzten Kundin die Tür, die frisch frisiert und rosig die Wohnung verließ. Der Schein, den sie noch in der Hand hielt, erwies sich als unerwartet groß, und sie betrachtete ihn mit einer Mischung aus Scham und dankbarer Freude. Ein Trinkgeldberuf? Na, wenn schon! In ihrer Lage durfte man nicht wählerisch sein.

Vielleicht schaffe ich es, dachte sie hoffnungsvoll, vielleicht wird es mir gelingen, mich und die Kinder durchzubringen, allein, ohne Robert. Lieber von morgens bis abends schuften, als länger die Demütigungen dieses Mannes ertragen zu müssen!

Leise betrat sie das Kinderzimmer in der Hoffnung, Achim schlafend zu finden und ... blickte in Roberts Augen, dunkel und wie beschwörend auf sich gerichtet. Mein Gott, wie ähnlich das Kind dem Manne sah, den zu vergessen sie sich so sehr bemühte! – Was ist, Kind? Das Halsweh, das Fieber ...? Ach, sie ahnte schon, daß es hier nicht um Dinge ging, die man mit einem Wickel, mit einer Tablette behandeln konnte.

Doch sie wollte sich nicht bezwingen lassen. Die Erinnerung an die Tyrannei jener anderen dunklen Augen lebte noch zu schmerzhaft in ihr.

„Die Geschichte“, sagte das Kind, „die Geschichte möchte ich hören!“ – „Welche Geschichte?“, fragte die Mutter. Es klang ungeduldig. „Jetzt ist keine Zeit zum Geschichtenerzählen. Sei vernünftig, Bub! In ein paar Stunden ist Heiligabend!“ Inzwischen hatte der kleine Konrad sich schmeichelnd an die Mutter gedrängt, und sie strich ihm zärtlich über den Kopf. So, jetzt war es entschieden! Achim drehte sich brüsk zur Wand. Er wollte nichts mehr sehen und hören. Der Test hatte es zutage gebracht, was er immer befürchtet hatte: er war nicht ihr richtiges Kind. Das freilich erklärte nun alles. Er fühlte das Blut in den Schläfen pulsieren. Das Kreisen über dem gähnenden Abgrund begann aufs neue.

Währenddessen stieg die Frau auf den Speicher, um die bunten Kugeln und Sterne für den Christbaum zu holen. Beim Umzug in das Haus ihrer Eltern war vieles durcheinandergeraten, und so kam es, daß sie mit all den Kartons auch einen ergriff, der nicht zu den andern gehörte. In ihm entdeckte sie dann das Buch, das sie längst verschollen glaubte: Das Tagebuch ihrer Mädchenjahre.

Obwohl sie nicht wußte, wo ihr vor Arbeit der Kopf stand, konnte sie es nicht über sich bringen, es ungeöffnet beiseite zu legen. Sie hockte sich auf den Boden, blätterte neugierig hier und da und vertiefte sich schließlich völlig in ihre Lektüre.

War es möglich, daß sie das alles vergessen hatte? Plötzlich sah sie sich wieder: ein schüchternes, linkisches Mädchen, das sich schwer in der Schule tat und daneben Sybille, die große Schwester, klug, selbstsicher, strahlend, von Freunden umschwärmt, von den Eltern vergöttert. Und immer wieder der kränkende Satz: Ist es denn möglich? Ihr könnt doch gar nicht Geschwister sein! Oh, wie sie gelitten hatte! – Nun, Sybille hielt im Laufe der Jahre nicht, was der Charme ihrer Jugend versprochen hatte: Sie war engherzig und egozentrisch geworden, vergeblich hatten die Eltern auf ein freundliches Wort, eine Geste der Liebe von ihrer verwöhnten Tochter gewartet.

Sie aber, von der man sich nichts versprochen hatte, war die Stütze der alten Leute geworden.

Schließlich schloß sie das Buch mit einem energischen Ruck. Nein, sie hatte keine frohe Kindheit gehabt. Wie beneidens wert waren doch Menschen, die auf eine glückliche Jugend zurückblicken konnten!

Die Tür des Kinderzimmers öffnete sich, und der kleine Konrad tappte heraus. „Wann ist denn nun endlich Weihnachten“, murmelte er verschlafen und fügte hinzu: „Achim weint.“

Die Mutter trat an das Bett ihres ältesten Kindes. Es wandte sich ab. „Achim“, sagte sie, sich über ihn beugend, „was war das für eine Geschichte, von der du da vorhin sprachst?“ Der Junge schwieg.

„Wie kann ich wissen, welche Geschichte du meinst“, drängte sie und legte ihre Hand kühlend auf Achims fiebrige Stirn. Dann, wie sie ihn ansah, wußte sie plötzlich genau, welche der Gute-Nacht-Geschichten es war, die ihr Kind so dringend zu hören verlangte.

Und während sie sich zu Achim setzte, begann sie bereits zu erzählen von dem kleinen Tom, der oft so mürrisch und trotzig war, er wußte selbst nicht warum. Wenn die Mutter dann traurig aussah, tat es dem Jungen leid. Er wäre gerne so fröhlich und so folgsam wie seine Geschwister gewesen. Doch es wollte ihm nicht gelingen. Immer war der Zorn schneller da als die Einsicht. Das machte ihn niedergeschlagen. Die Stimme der Mutter war warm, sie schien auf und nieder zu schwingen, und das Kind fühlte sich von ihr wie auf Flügen getragen. Es sog ihr förmlich das Wort von den Lippen, denn jetzt kam ja der schönste Teil der Erzählung. Dieser Tom, dieser Trotzkopf, den niemand mochte, er wurde zum Helden. Denn eines Nachts, erzählte die Mutter, brach unversehens ein Feuer aus. Niemand bemerkte etwas. Nur Tom wurde wach. Er weckte die Mutter und half die Geschwister zu retten. Alle lobten und bewunderten ihn, und die Mutter sagte: Ohne Tom wären wir nicht mehr am Leben! Ich bin stolz auf diesen tapferen Sohn! – Achim, der sich vor Spannung immer mehr aufgerichtet hatte, sank bei den letzten Worten mit einem glücklichen Lächeln in seine Kissen zurück. „Ich will jetzt schlafen“, murmelte er. „Weck mich, wenn Weihnachten ist!“

Die Mutter strich Achim zärtlich über das Haar. „Schlaf dich gesund, kleiner Tom!“, sagte sie leise.

„Du bist ein tapferer Bub!“ Oh ja, wer konnte es besser ermessen als sie, was es heißt, gegen sich selbst und die Welt kämpfen zu müssen und doch dabei nicht die Waffen zu strecken? Sie merkte, daß ihr Gesicht naß war von Tränen.

Ob es so etwas gab, daß sich Schicksale wiederholten? Dann war das Zeugnis ihrer eigenen traurigen Jugend ihr noch zur Zeit in die Hände gekommen – ein glücklicher Zufall oder doch eher das Geschenk jenes Kindes, dessen Geburtstag man heute beging und das gekommen war, um den Menschen den Frieden zu bringen? Lange noch saß die Mutter am Bettrand, während ihr Kind ruhig atmend schlief.

B.K94

Das andere Lied

Der Dezembernachmittag lagerte feucht und schwer über den Straßen der Stadt. Die Frau, die stundenlang hinter dem Ladentisch hin und hergeeilt war, fand, daß ihr jetzt eine Pause guttäte, ehe am Abend noch spät entschlossene Käufer den Laden füllen und ihre Geduld beanspruchen würden. Sie gab der Angestellten mit einer Kopfbewegung zu verstehen, wo man sie finden könne und betrat erleichtert aufatmend das kleine Büro. Das düstere Licht, das vom Hinterhof her durch das Karo des Fensters hereinfiel, füllte den Raum mit schwärzlichen Schatten. Energisch zog sie die Vorhänge zu, und der aufflammende Schein der Schreibtischlampe mit dem altmodischen grünen Schirm machte das Zimmer sogleich behaglich. Bald meldete die Kaffeemaschine sich mit zischenden, brodelnden Lauten, und zufrieden ließ sich die Frau mit einer Tasse des heißen Getränks an ihrem Schreibtisch nieder.

Noch zwei Stunden, dachte sie, die es durchzustehen galt. Dann würde auch sie sich den eigenen Festvorbereitungen widmen, sich vielleicht sogar noch ans Backen machen, an die Bereitung jenes besonderen Kuchens nämlich, ohne den für Volker kein Weihnachten war. Sie lächelte, während sie nachdenklich in ihrem Kaffee rührte. Was für ein Kind er in manchen Dingen doch noch war mit seinen 30 Jahren, ihr einziger, ihr erfolgreicher Sohn! – Bald würde er wohl eine nette kleine Frau heimführen und selber Kinder haben. Davon träumte sie oft.

Der Brief mußte versehentlich unter die Geschäftspost geraten sein. Unter dem Stapel von Rechnungen und Reklamebriefen, der vor ihr lag, erkannte sie ihn sofort, diesen blauen Umschlag mit Volkers Handschrift, die klein und zierlich war, keinesfalls das, was man unter einer „Doktorsklaue“ verstand. Ein Brief, so kurz vor dem geplanten Kommen? Sie wog ihn einen Augenblick lang prüfend in ihrer Rechten, so als könne sein Gewicht ihr schon etwas von seinem Inhalt verraten. Überhaupt – ein Brief? Ihr Sohn behielt diese, wie es heutzutage ja Sitte geworden war, festlichen Anlässen vor. Eigentlich schade! Telephongespräche kann man nicht sammeln wie Briefe, nicht danach greifen, wenn einem der Sinn danach stand. Die gespannte Erwartung hielt sie nicht ab, den Umschlag bedächtig, fast zeremoniell, zu öffnen und den blauen Bogen sorgfältig zu glätten, ehe sie zu lesen begann.

Der Text war kurz, von den Augen schnell überflogen, doch vom Verstand noch nicht wirklich erfaßt. Erst allmählich, nach mehrfachem Lesen, wurde ihr klar: Er würde also nicht kommen, das erste Mal würde ihr Sohn nicht nach Hause kommen, um das Weihnachtsfest mit ihr zu verbringen. Sie saß ganz still, den Brief auf dem Schoß. Erst das Klingelsignal riß sie aus ihrer Starre. Offenbar hatte der Laden sich nochmals gefüllt. Sehr langsam ging sie hinüber.

Die Frau holte Hemden, Krawatten und Handschuhe aus den Regalen. Wie eine Traumwandlerin nannte sie Größen und Preise, schrieb Kassenzettel und verpackte kunstvoll in Weihnachtspapier. Sie wünschte den Kunden ein frohes Fest. Nichts schien sich verändert zu haben. Nur Klara, die alte Angestellte, sah die Chefin bisweilen fragend an.

Während sie dann am Ende des Tages die Banknoten zählte, die in ihre Kasse gewandert waren – eine Beschäftigung, die sie immer entspannte – versuchte sie, nüchtern zu argumentieren. War ihr Sohn nicht lange erwachsen? Und stand es ihm darum nicht zu, seine Ferien frei zu gestalten? Na also! Aber so kurz vorher diese Pläne anzumelden, das war nicht ganz fair ihr gegenüber und paßte so gar nicht zu ihm. Was folgte daraus? Da war etwas Unvorhergesehenes, vielleicht sogar etwas Erschreckendes eingetreten, das er verschwieg, um sie zu schonen. Angst hatte ihr Herz in kaltem Griff und malte ihr tausend schreckliche Möglichkeiten aus. Was hörte man tagsüber alles in so einem Laden: Mit 20 Jahren hat da einer ein Melanom bekommen, und die junge Frau, deren Leben ein unbekanntes Virus vorzeitig beendet hatte ...

Mit zitternden Händen wählte sie die vertraute Nummer. Obwohl sie sich große Mühe gab, ihre Besorgnis zu unterdrücken, klang Volkers Antwort gereizt. Nein, krank sei er keinesfalls. Er würde ihr später, ja bald sogar, alles erklären. Aber sie gab nicht nach, sie wollte es wissen, sofort, ohne Aufschub. Und er kapitulierte. „Wenn du es also wissen mußt: Ich habe da jemand gefunden ...“ Seine Stimme klang seltsam gepreßt. Sie ließ ihn nicht weitersprechen, fiel ihm erleichtert aufschluchzend ins Wort. „Du Geheimniskrämer, eine Freundin hast du! Oh, wie ich mich für dich freue! Bring’ sie doch mit!“ Die gelöste Spannung entlud sich in einer Lawine von Fragen. Er ließ sie reden und schwieg. Dann hörte sie endlich die Stimme wieder, die ihr auf einmal seltsam fremd erschien: „Ich spreche von keiner Freundin, Mutter, ich spreche von meinem Freund Thomas. Wir wollen zusammen verreisen.“ „Ach, ein Freund nur“, entfuhr es ihr. Sie konnte ihre Enttäuschung nicht gut verbergen. „Und wegen eines Freundes willst du ...“ Jetzt begann er zu reden, dringlich und um Verständnis flehend. Er sprach von einem zweiten Ich, von Hoffnung, von Liebe. Die Frau saß wie versteinert, unfähig zu einer Antwort. Schließlich entglitt ihr der Hörer. Sie hörte die Stimme des Sohnes wie von ferne. Dann legte sie auf.

Nach einer Weile erhob sie sich mühsam. Die Last ihrer Jahre, die sie bislang kaum empfunden hatte, drückte ihr jetzt beim Ersteigen der Treppe den Atem ab. Sie keuchte. War das vielleicht alles ein wahnwitziger Traum, aus dem sie sogleich erlöst auftauchen würde? Sie hatte Mühe, den passenden Schlüssel zu ihrer Wohnung zu finden, und ihre zitternden Hände verfehlten immer wieder das Schloß. Beim Öffnen der Tür schlug ihr statt der erwarteten Wärme ein eiskalter Luftzug entgegen: Sie hatte mittags vergessen, das Fenster zu schließen. Ihr Blick fiel auf den Tannenstrauß in der Bodenvase, in dessen dunklem Grün die kunstvollen Goldsterne tanzten; darunter der Platz für die Krippe, stets erst vor Volkers Ankunft am Heiligen Abend liebevoll aufgebaut. Nun hatte sich plötzlich alles geändert. Volker würde nicht kommen, die Krippe nicht aufgestellt werden, dachte sie dumpf. Nie mehr würde es sein wie früher.

Jetzt erst kamen die Tränen, und mit einem klagenden Laut warf sie sich in ihren Sessel. Gott im Himmel, schluchzte sie, Gott im Himmel, was habe ich dir getan? Habe ich dir nicht meine Tribute gezahlt? Nun gut, vielleicht nicht immer so regelmäßig, wie du es wolltest. Aber war ich nicht ein rechtschaffener Mensch? Habe ich mich denn nicht ehrlich durchgeschlagen und meinen Sohn nach bestem Vermögen und unter Opfern herangezogen?

Aber wie, ging es ihr durch den Sinn, wenn dieser Gott gar nicht existierte, oder aber wenn er sich abgewandt hätte, um irgendwo eine neue Welt zu erschaffen und diese hier sich selbst überließ ...

Das Schlafmittel nahm barmherzig die Schärfe des Schmerzes und lullte sie ein. In dem schwebenden Zustand zwischen Träumen und Wachen drang plötzlich ein Trillern an ihr Ohr. Hoch wölbte der Sommerhimmel sich über ihr. Sie stand an der Hand des Vaters, ihre kleine Kinderhand in der seinen und blickte, den Kopf in den Nacken gelegt, dem kleinen Vögelchen nach, das da mit einem hellen, jubilierenden Ton senkrecht in die Bläue des Himmels vorstieß. Das Stadtkind war fasziniert. „Wie heißt dieser

Vogel, Vater?“ „Das ist eine Lerche, mein Kind.“ „Sie singt anders als die Vögel daheim!“ „Nun ja“, war die Antwort gekommen, „jeder Vogel singt sein eigenes Lied und er singt auf die ihm eigene Weise, mancher kann es so schön wie die Nachtigall, ein anderer bringt nur ein Krächzen hervor wie die Krähe. Aber Gott hat ein Herz für sie alle.“ Der Vater sprach nachdenklich, wie zu sich selbst, und das kleine Kind fühlte sich warm und geborgen.

Das Trillern dauerte an, während das Traumbild langsam unschärfer wurde und schließlich verschwand. Nur langsam kehrte die Frau zurück in eine Gegenwart, der sie gerne entflohen wäre. Sie öffnete mühsam die bleischweren Lider und richtete sich auf, um zu lauschen. Was machte sie hier? War sie in ihrem Sessel eingeschlafen? Und wo kam der Vogellaut her? Und dann sah sie das Vögelchen auf dem Tannenstrauß sitzen, eine seltsam lebendige Dekoration zwischen den blinkenden Sternen. Keine Lerche, ncin, ein Kanarienvogel. „Du bist mir ein seltsamer Weihnachtsgast“, murmelte sie. „Bist wohl durchs offene Fenster hier herein geflüchtet. Hättest es besser erwischen können, du armes Tier. Bei mir ist es kalt.“ Sie richtete sich auf mit steif gewordenen Gliedern und verbarg das Gesicht in den Händen. Jetzt war sie ganz wach und angstvoll, wie eine Kranke nach der Narkose erwartete sie den bohrenden Schmerz vom gestrigen Abend.

Aber irgendetwas war anders geworden. Sie saß ganz still, und dann hörte sie plötzlich wieder die Worte des Vaters: das eigene Lied ... Volker sang sein eigenes Lied, das war es. Eine Melodie, die ihr fremd bleiben würde für immer. Ihr Herz zog sich schmerzhaft zusammen bei diesem Gedanken. Doch gleichzeitig fühlte sie eine Kraft in sich wachsen, wie sie den Menschen zuteil wird, wenn großes Glück oder tiefer Schmerz sie über die Grenzen des eigenen Ichs hinausgeführt.

Mein Sohn, dachte sie, mein Sohn. Ich will es dir nachher sagen, daß mein Herz sich dir nicht verschließt. Alle Hoffnungen, die du enttäuscht hast, werden nichts daran ändern. Nur laß mir Zeit, laß mir um Gottes willen ein wenig Zeit!

Der Anruf dieser nächtlichen Stunde ging noch darüber hinaus, das fühlte sie mit einer demütigen Scheu. Wie, wenn es von jetzt an ihre Aufgabe wäre, offen zu sein für die vielen anderen Sängerinnen und Sänger, die sich in den großen Chor nicht einpassen ließen und die sie bislang nicht gesehen oder sogar verachtet hatte? Würde ihr das gelingen, das ahnte sie jetzt, dann wäre ihr Schmerz nicht umsonst gewesen. Ob sie es schaffen würde?

Mit diesen Gedanken holte sie am Weihnachtsabend dann doch die Krippe aus der Tiefe des großen Schrankes hervor. Figur um Figur befreite sie sie von ihrer Seidenpapierhülle: Maria, Joseph, die Hirten mit ihren schon ein wenig beschädigten Schafen, zuletzt das Kripplein mit dem heiligen Kind. Aber sie baute sie nicht nach alter Gewohnheit unter dem Tannenstrauß auf. Vielmehr trug sie sie zu der alten Kommode hinüber und gab ihnen dort einen neuen Platz. Als sie zurücktretend schließlich ihr Werk begutachten wollte, fiel ihr auf, daß das Kripplein sich unter dem Kreuz befand, jenem Kreuz, das, von den Eltern geerbt, dort an der Wand ein wenig beachtetes Dasein führte. Sie nickte zufrieden.

Warum nur, sann sie, habe ich nicht schon früher bemerkt, daß dies der richtige Platz für die Krippe ist?

Der Anruf

Da lag es nun fertig vor ihm, sein Werk, ein Packen engbeschriebener Blätter: Lebensgeschichte als Therapie verordnet. Der Psychiater hatte bei ihm daneben getippt. Kurt fühlte sich nicht erleichtert, eher noch tiefer niedergeschlagen. – Eine Kindheit lang vergeblich der Schrei nach Liebe, Kritik statt Verständnis, Steine statt Brot.

Er setzte seinen Namen darunter, und dann das Datum: Fertiggestellt am 24. 12.

24. 12.: Christnacht – Botschaft der Engel, wenn man dran glaubt. Er tat es nicht. Er hielt sich lieber an Fakten. Und wenn es so etwas wie Schutzengel gäbe, dann hätte der seine kläglich versagt. – Auch der von Monika war nicht auf dem Posten gewesen. – Monika, die im Begriff war, sein Gefängnis zu sprengen. Zwei Köpfe über ein Mikroskop gebeugt. Was hältst du von dem Präparat, Kommilitonin? Und später dann: was hältst du von einem Gang durch den herbstlichen Wald? Ihr Haar hatte bitter wie nach Kastanien gerochen, und ihr Mund war weich auf dem seinen gewesen. Dann war die Gefängnistür jäh wieder zugeschlagen. Der Amokfahrer war, wie er bei der Verhandlung sagte, aus Liebeskummer in die Menschengruppe gerast. Es hatte Verletzte und Tote gegeben. Zwei Tote. Eine von ihnen war Monika.

Die Uhr war an jenem Tag für Kurt stehengeblieben. Er gab das Medizinstudium auf. Kein

Arzt konnte Tote lebendig machen. Alles schien sinnlos.

Kurt trat ans Fenster. Der Tag versprach, dämmrig zu bleiben. Er starrte auf das fahle Stück Rasen unten im Hof, an dessen Rand ein paar Büsche die kahlen Zweige wie hilfesuchend gen Himmel reckten. Kein glitzernder Rauhreif, keine Decke aus schimmerndem Schnee verlieh den Dingen Anmut und Schönheit für diesen Tag. Recht so, die Natur ist ehrlich, dachte der Mann. Sie erweckt keine Illusionen. Dann sah er Bewegung am gegenüberliegenden Fenster. Es war der Kater der alten Frau Neumann. Kurt nickte gedankenverloren hinüber. Im Laufe der Wochen, die er schreibend an seinem Fenster verbrachte, hatte sich eine Beziehung zwischen den beiden entwickelt: Das stolze, einzelgängerische Wesen des Tieres fand Widerhall in der Seele des Mannes, und in den bernsteinfarbenen Katzenaugen meinte er jenes geheimnisvolle Verstehen erkennen zu können, wie es Tiere bisweilen leidenden Menschen gegenüber entwickeln.

Frau Neumann hatte heute ihr Fenster noch immer geschlossen. Das wunderte ihn, denn sie war, wie er beobachtet hatte, in ihren Lebensgewohnheiten auf den Glockenschlag pünktlich. – Doch was ging ihn, Kurt, die alte Frau schließlich an? Sie mochte verschlafen haben, gewillt, wie er selbst, ein trostloses Weihnachtsfest zu vergessen. – Er stieß den Blätterstapel des Manuskripts hart auf den Tisch und begann, das Paket zu verschnüren. Doch er konnte es nicht verhindern, daß sein Blick erneut das gegenüberliegende Fenster suchte. – Er sah seinen Freund, den Kater, der gewöhnlich am Morgen in meditativer Ruhe den Hof zu betrachten pflegte, erregt das Fensterbrett auf- und niederstreichen, während sein buschiger Schwanz das Fensterglas peitschte. Etwas stimmte da drüben nicht. Jetzt schien das Tier ihn bemerkt zu haben. Es unterbrach seinen Lauf, das Maul wie zu langgezogener Klage geöffnet, und dem Mann wurde klar: Hier bat ein Freund den andern um Hilfe.

Von ungeduldiger Eile getrieben riß er den Mantel vom Haken, überquerte im Laufschritt den Hof und erklomm in großen Sätzen die Treppen im Haus gegenüber. – Die Türglocke neben dem Namensschild „Neumann" reagierte mit einem heiser-wimmernden Laut auf sein ungeduldiges Pressen, doch drinnen regte sich nichts. Er versuchte es wieder und drückte zugleich sein Ohr fest an die Tür. Da hörte er es, ein röchelndes, stöhnendes Atmen. Plötzlich war alles ganz klar. Er begann fast automatisch zu handeln, reckte sich hoch, fand auch sofort den Schlüssel auf dem Balken über dem Eingang und ließ sich ohne zu zögern hinein.

Die alte Frau hing mit schmerzverzerrtem Gesicht und angstvoll geweiteten Augen in dem einzigen Sessel, der das ärmliche Zimmer möblierte. Ihre bläulichen Lippen schienen Worte formen zu wollen, doch es blieb bei einem verzweifelten Ringen nach Luft.

Kurt war es klar: Jetzt begann ein Wettlauf gegen die Zeit. „Hier ist ein Notfall, der Rettungswagen muß her!" schrie er, und das verlassene Treppenhaus echote hohl: her ... her! Aber es rührte sich nichts. – Der Mann hetzte die Treppen hinunter und hämmerte mit der Faust an die Tür, die zur Wohnung der Hausbesitzerin führte. Die öffnete nur einen Spalt breit und sah Kurt mißtrauisch an. Er erklärte in wenigen Worten die Lage. – Mißmutig ließ sie ihn telephonieren. Dann flog Kurt die Treppen wieder hinauf. Er begann die rettenden Handgriffe anzuwenden, die er in seiner Ausbildung öfters geübt, doch noch niemals im Ernstfall angewandt hatte.

Als er den Notarztwagen herannahen hörte, war die Todesangst schon aus den Augen der Frau gewichen.

„Sie also waren hier der rettende Engel", sagte der Arzt zu Kurt, während er sorgsam die Spritze aufzog. „Wie groß ist die Chance?", wollte der wissen, und die Antwort erschien ihm sehr wichtig. „Ich bin nicht der Herrgott", sagte der Arzt nun fast mürrisch, „das hängt von vielen Faktoren ab. Aber wenn sie es schafft, dann kann sie Ihnen Dankeschön sagen."

Die Hauswirtin stand jetzt plötzlich im Zimmer. „Wieso sind Sie eigentlich hergekommen – wer hat Sie gerufen?", fragte sie Kurt. Ihr Blick war lauernd. „Der Kater", murmelte der, ohne ihr einen Blick zu schenken und beugte sich über die Kranke. „Unsinn, der Kater ist tot", sagte die Frau. „Und überhaupt ...". Ihr Mißtrauen war noch gewachsen. Kurt zuckte die Achseln. Er folgte der Trage die engen Kehren der Treppe hinunter bis zu dem wartenden Wagen.

„Darf ich mitfahren?“, bat er. Niemand hatte etwas dagegen. Es stand ja kein Angehöriger zur Verfügung. – Er faßte wieder die knochiger Hand der Kranken. Die öffnete langsam die Augen. „Alles ist gut“, flüsterte Kurt. „Man wird Ihnen helfen. Ich werde nach Ihrem Kater schauen, solange Sie fort sind.“ „Mein Peter ist tot“, sagte die Frau, und ihr zerfurchtes Gesicht verzog sich schmerzlich. „Er ist gestern mittag unter ein Auto gekommen.“ Sie schwieg ermattet und schloß die Augen. Zwei Tränen bahnten sich ihren Weg durch die Falten des Greisengesichtes. Kurt sagte leise: „Das tut mir leid“. Sie schien schon wieder zu schlafen.

Was für ein seltsamer Tag, dachte der Mann. Die Rätsel, die er ihm aufgab, würde er sie je lösen können?

Er fühlte sich plötzlich so frei, wie aus einem Kerker entlassen, und sein Herz begann in jäher Erregung zu klopfen: Jetzt würde er sich entscheiden müssen. Dies war die Stunde, die sein Leben verändern konnte.

24. 12. – Christnacht. – Botschaft der Engel ... Friede mit Gott?

BK94

Die Begegnung

Die Einsamkeit legte sich um sie wie ein Mantel und hüllte sie ein. Die Sterne, die inzwischen aufmarschiert waren, funkten unaufhörlich geheimnisvolle Signale auf die Erde herunter. Dunkelheit hatte die Berge verschlungen. Nur hier und da ließ ein wanderndes Fünklein ahnen, wo am anderen Ende des Tales die Straße das Gebirge hinaufkroch. Die Almwirtschaft, die die Frau vom Sommer her kannte, grüßte mit ihren hellen Fenster zu ihr herüber. Ein kaum vernehmbares Knistern erfüllte die Luft um sie her, und sie vermeinte, den Frost bei der Arbeit zu hören, wie er Milliarden Kristalle zu kunstvollen Sternwiesen formte. Trotz der dicken, fellgefütterten Jacke begann sie die Kälte zu spüren und konnte sich doch von dem Anblick draußen nicht lösen, sich nicht entschließen, in die muffige Wärme der Stube zurückzukehren. Jetzt wußte sie es: Sie hatte richtig entschieden, die Weihnachtstage hier allein zu verbringen, alle Einladungen abzusagen, das Unverständnis der Freunde in Kauf zu nehmen. Wenn irgendwo, dann würde es ihr in der Einsamkeit dieser Hütte gelingen, die letzten Kapitel zu schreiben und jenes schon von Verlag und den Lesern ungeduldig erwartete Buch zu vollenden. Woran lag es nur, daß es sich so seltsam widerspenstig zeigte, daß sie es sich nur mühsam abringen mußte? War ihre legendäre Schaffenskraft plötzlich erlahmt? Die Leere, die sie in ihrem Inneren fühlte, machte ihr Angst.

Aber nein, so schnell war sie nicht bereit, sich geschlagen zu geben. Ließ die Phantasie sie für eine Zeitlang im Stich, dann würde die Routine einspringen müssen. War sie ihr nicht schon mehrfach zur Hilfe gekommen? Was blieb ihr, Elisabeth, schließlich auch übrig, wo doch die Leser regelmäßig Nahrung für ihre Träume verlangten? Also frisch ans Werk! Entschlossen trat sie den Schnee von den Stiefeln, hatte den Türgriff schon in der Hand, als sie das knirschende Stapfen von Skiern hörte. Lauschend verharrte sie in der Bewegung. Ihr Herz begann wild zu hämmern. Aus dem Dunkel schob sich eine Gestalt in den Lichtfleck des Fensters. Es war eine Frau, die ihr gegenüberstand, und nun ein „Guten Abend" murmelnd sich bückte, um die Bindungen ihrer Skier zu lösen.

„Ich wußte nicht, daß die Hütte belegt ist." Es klang halb entschuldigend, halb anklagend. „Jetzt kommen Sie erst mal rein!" Elisabeth hielt die Türe auf. „Sie müssen erschöpft sein. Der Anstieg ist steil." Das Mädchen zuckte die Achseln, als wollte sie sagen: was macht das schon, wenn man jung ist. Elisabeth sah jetzt, als ihr Gast die Kapuze abstreifte, daß sie tatsächlich sehr jung war, zwanzig vielleicht, mit hellen welligen Haaren und einer zarten Haut, die von der Kälte rötliche Flecken zeigte. „Ich bin Elisabeth", sagte die Frau, „Nachnamen können wir uns hier oben sparen". Das Mädchen sah sie seltsam durchdringend an, ohne sich ihrerseits vorzustellen. Während die Frau sich am Feuer zu schaffen machte, um einen Tee zu brauen, fühlte sie weiter die Augen des Mädchens auf sich ruhen und hörte sie sagen: „Sie schreiben hier also!“ Offenbar hatte sie die kleine Schreibmaschine und die Blätter des Manuskriptes entdeckt, die wie weiße Inseln auf der dunklen Tischplatte schwammen. „Zumindest versuche ich es“, war ihre spontane Antwort, die sie sogleich bereute. Wieso hatte sie sich dieser Fremden gegenüber, die hier ungebeten aufgetaucht war, zu einer Bemerkung hinreißen lassen, die etwas preisgab, was sie verbergen wollte? Sie klapperte ärgerlich mit dem Geschirr. „Hier, trinken Sie“, stieß sie hervor und drückte der Jungen energisch einen Becher mit dampfendem Tee in die Hand. „Haben Sie Hunger?“, setzte sie dann etwas freundlicher noch hinzu, wohl im Bestreben, die Regeln der Gastlichkeit – zumal an einem Abend wie diesem – nicht zu verletzen. Das Mädchen schüttelte verneinend den Kopf. „Ich möchte auch Bücher schreiben!“, erklärte sie und sah Elisabeth an, jedoch als erwarte sie weder Erstaunen noch Interesse von ihr, fast als spräche sie mehr zu sich selbst. „Das überlegen Sie sich gut!“ stieß die Frau hervor, und wieder tat die Bemerkung ihr hinterher leid. Wer war dieses junge Geschöpf, daß es die sonst streng bewachten Mauern, die sie seit langem aus Vorsicht um sich errichtet hatte, so mühelos zu überwinden vermochte?

„Sie sind bitter“, bemerkte der Mädchen. „Warum? Hatten Sie nicht genügend Erfolg?“ Elisabeth war sich nicht sicher, ob dies eine Frage oder eine Feststellung war. Schon wollte sie ihren Besuch darüber belehren, daß ihre Bücher sämtlich auf der

Bestsellerliste standen. Doch stattdessen betrachtete sie schweigend die schwarzen Schatten, die das Herdfeuer geheimnisvoll über die Wände der Hütte tanzen ließ. Sie hörte sich sagen: „Es kommt darauf an, was man erreichen wollte“. Beklommen lauschte sie dem Nachhall der eigenen Stimme und spürte zugleich mit Erstaunen, daß etwas ihr die Kehle verengte. Sie wandte sich ab, um die Fremde die Tränen nicht sehen zu lassen, in denen der Raum zu verschwimmen begann. „Ich jedenfalls habe vor, mit meinen Büchern etwas in Bewegung zu setzen“, sagte das Mädchen, „nicht nur zu unterhalten. Keine Himbeersoße, verstehen Sie. Ich möchte daß die Menschen sich in meinen Büchern wie in einem Spiegel sehen und neu zu fragen beginnen ...“. „Ein hoher Anspruch, meinen Sie nicht?“ Elisabeth versuchte zu spotten. „Täusche ich mich, oder haben Sie damals nicht selbst mit dem gleichen Ziel zu schreiben begonnen?“, fragte ihr junger Gast ernst und sah sie mit ihren hellen Augen durchdringend an. Die Frau gab keine Antwort. Dies Mädchen war offenbar keine Fremde, sie war informiert. Eine Journalistin vielleicht, die Material über sie gesammelt hatte und nun auf originelle Weise zu einem Interview kommen wollte? Nein, so wirkte sie nicht. Verstohlen begann sie, die junge Gestalt im Licht der Petroleumlampe zu studieren. Sie war jetzt sicher, ihr schon zuvor begegnet zu sein. Aber unter welchen Umständen und wann? Vergeblich zermarterte sie sich das Hirn. Manchmal glaubte sie, nahe am Ziel zu sein, doch dann löste sich alles wieder in

Nebel auf. Dennoch vermied sie aus einem ihr selbst nicht erklärlichen Grunde, die Fremde selbst um Auskunft zu bitten. So saßen sie schweigend, während das Feuer im Herd die Holzscheite gierig schmatzend verschlang. Vom Tal her ließ sich jetzt das Geläut der Kapelle vernehmen, das mit dünner Stimme die wenigen Talbewohner zur Christmette rief. „Ich weiß nicht“, sagte Elisabeth endlich, „woher Sie glauben, so viel über mich zu wissen. Tatsächlich wollte ich mit meinen Büchern die Gewissen der Menschen schärfen, die Welt ein wenig bewohnbarer machen.“ „Und?“, fragte die Junge. Elisabeth schwieg.

„Sie haben es sich einfach gemacht“, fuhr das Mädchen fort. Elisabeth wollte auffahren, von dem Fleiß, von der Selbstdisziplin sprechen, die ein Schriftsteller braucht, um seinen Lesern jährlich ein neues Buch präsentieren zu können. Aber sie sagte kein Wort. Die Junge war grausam, sie wollte sie kränken. Und doch, tief drinnen wußte Elisabeth, daß es die Wahrheit war. Hatte sie nicht den breiten, den populären Weg gewählt? „Wenn Sie ein anhaltend großes Leserpublikum finden wollen, verschonen Sie es um Himmels Willen mit echten Problemen“, war das nicht der Rat des Lektors gewesen, dem damals ihr erstes Buch vorlag? Ihr Widerstand hatte nicht lange angehalten. Dafür stand sie jetzt ganz oben auf der Stufenleiter des Erfolgs, des kommerziellen Erfolgs, um genau zu sein. Zu den Sternen am Literaturhimmel gezählt zu werden, das war ohnehin nie ihr Ehrgeiz gewesen. Die „Queen der deutschen Unterhaltungsliteratur“ hatte sie neulich ein Magazin genannt. Sollte sie sich plötzlich des Titels schämen, bloß weil diese Idealistin, diese Möchte-gern-Schreiberin aufgetaucht war, um sie herauszufordern?

Eine Erschöpfung wie nach einer schweren Krankheit hatte Besitz von ihr ergriffen. Schwerfällig erhob sie sich. Sie fühlte sich diesem Gespräch nicht länger gewachsen. „Entschuldigen Sie mich, ich fühle mich heute nicht ganz wohl und möchte früh schlafen gehen“, murmelte sie und fügte hinzu: „Sie können Ihr Bett hier im Wohnraum richten.“

„Danke“, sagte das Mädchen, keineswegs überrascht, „und gesundes Erwachen!“

Als sie am nächsten Morgen aus wirren Träumen auftauchte, war nichts von dem Mädchen zu sehen. Sie entdeckte es weder im Wohnraum noch vor der Hütte. Skier und Rucksack waren verschwunden.

Elisabeth ließ das eiskalte Waschwasser über Gesicht und Arme rinnen, dann hob sie den Kopf, um in den kleinen, halbblinden Spiegel zu schauen, der über der blechernen Schüssel hing. Durch die Zerstörung hindurch, die die Jahre in ihrem Gesicht angerichtet hatten, traten ihr plötzlich die entschlossenen Züge und klaren Augen des Mädchens entgegen, das sie einmal gewesen war, voller Hoffnung, voller Ideale. Da weinte sie. Später trat sie vor die Hütte und sog die eisige Luft ein wie einen erfrischenden Trank. Im Osten schob sich die Sonne als gleißendes Halbrund langsam in den rotmarmorierten Himmel. Elisabeth ließ sie nicht aus den Augen, bis sie sich, von den schroffen Bergkämmen losgelöst, auf ihre Wanderung über den Himmel begab. Dann streifte ihr Blick langsam den Hang hinunter zum Tal, und sie war nun nicht überrascht, nur eine einzige Skispur zu sehen, die ihre, am gestrigen Morgen beim Aufstieg gebahnt. In der Stube raffte sie mit entschlossenen Griffen die Blätter des unvollendeten Manuskripts zusammen und übergab sie der Glut des Herdes. Zufrieden beobachtete sie, wie sie sich auflodernd krümmten und wanden, ehe sie zu Asche zerfielen. Sie zog einen jungfräulich weißen Bogen in die Maschine. Ideen schossen ihr durch den Kopf wie Vogelschwärme. Gleich nachher würde sie neu anfangen! Es war nicht zu spät. Nein, noch war es nicht zu spät! Und gab es einen Termin, der glückverheißender wäre für ein solches Beginnen als der heutige, der Weihnachtstag?

Das Weihnachtsbäumchen

Meine Freunde werden mich für verrückt erklären, wenn sie alles erfahren. „Was hast du dir da nur eingebrockt, du Idiot“, werden sie sagen. Und natürlich haben sie recht, das weiß ich auch, jetzt, wo ich im Polizeiauto sitze. Aber wie soll ich es denen erklären; an meinen kleinen Bruder hab' ich gedacht, daheim in Antalya, als ich ihn sah, den Jungen. Am Rinnstein hockte er, den Kopf gesenkt, und heulte. Nicht laut, wie aus Trotz, sondern leise. Das machte es schlimmer. – Ich selbst war auf dem Weg zum Bahnhof, um die Freunde zu treffen; eigentlich war ich in Eile.

Der Wind gestern war kalt – es ging schon fast auf den Abend – und es sah aus, als wolle es schneien. Die Straße war leer, kein Mensch sonst zu sehen weit und breit. „Was ist?“, hab' ich gefragt. – Ich weiß, mein Deutsch ist nicht perfekt, aber ich komme ganz gut damit durch. „Verlorengegangen?“ Er gab keine Antwort, schniefte nur so vor sich hin. Nicht einmal Handschuhe hatte er an; ich sah, daß seine Finger blau waren vor Kälte.

„Du“, hab' ich gesagt, und ihn ein bißchen an der Schulter gerüttelt, „du nicht sprechen mit mir?“ Er sah mich ängstlich von unten her an und schluchzte schließlich irgendwas von einer Tante, die man fortgebracht hatte im Tatü Tata – damit meinte er wohl den Krankenwagen. – „Und Mama, Papa, wo sind sie?“ forschte ich weiter, „oder Bruder, Schwester?“ Der Junge wischte die Nase am Ärmel ab. Er wies mit dem Daumen die Straße hinunter. „Mama schafft in der Haifischbar“ murmelte er und fügte noch etwas hinzu, was ich nicht ganz verstand. Offenbar war ihm verboten, sie dort zu besuchen.- So weit, so gut, oder auch nicht. Sagen Sie selbst: Hätten Sie denn so ein Kind auf der Straße gelassen, bis vielleicht irgendwann einmal die Mutter auftaucht? Bardamen arbeiten spät.

„Also“, sagte ich schließlich – wenn auch widerstrebend, denn ich mußte an Halil und Mustafa denken, die nun vergeblich warten würden – „also, du mit mir kommen, heißen Tee trinken. Dann Mama besuchen.“ – Ich hatte gar nicht damit gerechnet, aber plötzlich war er ganz willig, stand auf und nahm meine Hand. Komisch war das, so eine Kinderhand in der meinen zu halten. Mußte wieder an meinen Bruder denken und daß ich ihm schreiben sollte.

Meine Bude im Hinterhof war ungeheizt. Ich hatte die Kohlen sparen wollen am Abend. Das war jetzt schlecht.

„Dein Zimmer ist aber nicht schön“, sagte der Kleine, der langsam aufzutauen begann, trotz der Kälte. „Für Türken gut genug, finden Deutsche“, sagte ich, nicht gerade freundlich. Dann tat es mir leid: Was konnte das Kind denn dafür? Ich lachte ihn an, machte Feuer im Herd und goß Tee auf. Dazu holte ich auch ein Stück Fladenbrot aus dem Schrank. Er verschlang es gierig.

Als der letzte Brocken verschwunden war, schaute er um sich, als würde er etwas suchen. „Einen Weihnachtsbaum hast du nicht?“, stellte er fest. Seine Stimme klang traurig.

Weihnachtsbaum? Beim Propheten: das waren wohl diese Tannenbäume, die sie in den letzten Tagen hier alle nach Hause schleppten. In den Warenhäusern waren sie kunstvoll behängt mit allerlei glitzernden Kugeln und Ketten. Sie gehören ganz offenbar zu dem Fest, das sie hier „Weihnachten“ nennen. Und heute war „Heiliger Abend“!

„Ein Baum? Kein Problem!“ prahlte ich Dummkopf. Ich weiß auch nicht, was da über mich kam: Ich wollte den Kleinen fröhlich sehen.

Ich nahm die Schaufel, die neben dem Herd lag. „Warte, du wirst sehen ...“ und ging hinaus in den Garten, der dem Hauswirt gehörte. – Das Tännchen war schnell aus dem Boden gebuddelt – der Boden war ja noch nicht gefroren –, und morgen, dachte ich, morgen würde ich es wieder einpflanzen. Das würde niemand bemerken.

Der Junge hüpfte vor Freude, als ich mit dem Bäumchen zur Tür reinkam. Wir preßten die Wurzeln in einen Kochtopf. „Nun schmücken!“, schrie er. Aber schmücken womit? Schließlich bat er: „Gib’ mir ‘ne Schere“ und begann ganz geschickt, die glänzenden roten und gelben Sterne von den Reklameblättern auszuschneiden, die da zum Anheizen lagen. Ich half ihm, sie auf die Äste zu spießen. Jetzt sah das Bäumchen ganz sonderbar aus – als trüge es Blüten. Er sang mir ein Lied vor, das „Oh du Tannenbaum“ hieß, oder so ähnlich, und ich bedankte mich mit ein paar türkischen Liedern. – Wir sind Freunde geworden, wir beide, in dieser Nacht, die sie hier „Christnacht“ nennen, und ich hatte plötzlich ganz große Sehnsucht nach meinen Brüdern daheim in Antalya; dem jüngsten, der meinen kleinen Freund so ähnlich sah, wie ich fand, wollte ich Geld schicken – für Schuhe und für einen Ball.

Jetzt hätten wir in die Haifischbar gehen sollen, ich weiß. Aber der Junge hat's nicht gewollt. Er war müde geworden, und ich hab' ihn aufs Bett gelegt. Da ist er gleich eingeschlafen. Ich selbst hab' auf dem kaputten Sofa gesessen, und schließlich muß ich wohl auch eingenickt sein.

Aufgewacht sind wir davon, daß am Morgen jemand gegen die Tür schlug. Sie waren zu dritt: der Hauswirt, die Alte von drüben und einer in Uniform. Der Hauswirt deutete mit dem Finger auf das geschmückte Bäumchen: „Da sehen Sie's ja, natürlich ist er es gewesen, ich hab's gleich gewußt!“ – Die alte Frau machte ein saures Gesicht, wie immer, wenn sie mich sieht. Sie sagte mit ihrer scheppernden Stimme: „Der da im Bett, den kenn' ich. Seine Mutter schafft in der Bar. Sicher hat er ihn kidnappen wollen, der Spitzbub'! Aber da wär' er an die Falsche geraten: Keinen Pfennig hätt' die gezahlt für den Bub'.“ – Der in Uniform sagte nur: „Komm mit aufs Revier!“

Das Weihnachtsbild

Als er die sich nähernden Schritte hörte, war der Junge blitzschnell hinter die große Tafel geschlüpft, die man heute in die Ecke gerückt hatte. Kein ideales Versteck, aber besser als keines. – Eigentlich dumm, sich so zu benehmen, dachte der Junge ein wenig beschämt; aber er war nun einmal fest davon überzeugt, jedermann müsse ihn mit seinem Bild in Verbindung bringen, und das war ihm peinlich. – Dabei hatte man ja auf Namen in dieser Schülerausstellung bewußt verzichtet. Kleine Schildchen verrieten nur Titel und Nummer des Ausstellungsstückes. Zehn Bilder, die in den ausgelegten Bewertungslisten die höchste Punktzahl erreichten, würden im Lauf der adventlichen Feier versteigert werden. Für „Misereor" und „Brot für die Welt", so hatten sich die Schüler geeinigt. Ein ständiger Strom von Besuchern ergoß sich nun in das Klassenzimmer. „Verflixt", dachte der Junge, „jetzt kann ich nicht raus, ohne aufzufallen!" Er saß in der Falle und mußte sich auch noch die Kommentare anhören, die seinem Bild galten. Sie reichten von „interessant" bis zu „krankhaft" und „deprimierend". „'Weihnachtstraum' nennt sich das," entrüstete sich eine Stimme, „ich würde es eher als 'Alptraum' bezeichnen!"

„Weihnachtstraum" war wirklich ein dämlicher Titel gewesen, den seine Lehrerin sich da ausgedacht hatte. Er hätte nicht darauf eingehen sollen. Wo Weihnachten doch seit Jahren für Vater und ihn kein

Thema mehr war; genaugenommen seit dem Tag, an dem Mutter von der Fahrt in die Stadt, wo sie Weihnachtsbesorgungen machen wollte, nicht mehr zurückgekehrt war. „20. Dezember“ stand auf dem Grabstein als Datum des Todes, vor dem sie jedes Jahr schweigend standen, ehe sie in die Einsamkeit einer Berghütte flohen. Von Weihnachten träumte man nicht, es mußte halt überstanden werden!

Der Besucherstrom war endlich versiegt, und der Junge war im Begriff, sein unbequemes Versteck zu verlassen, als er zwei ihm bekannte Stimmen sich nähern hörte. Es waren die von Frau Angus, seiner Kunsterzieherin, und die seines Vaters. Um langen Erklärungen zu entgehen, verhielt er sich still.

Sicher würden sie nur die Listen mit den Bewertungen an sich nehmen und dann wieder gehen. – Er hoffte und befürchtete es zugleich, denn – und dies war sein tiefstes Geheimnis – er liebte „Maria“, wie er sie bei sich nannte. Er konnte den Donnerstag nie erwarten, wo er sie 90 Minuten lang beim Kunstunterricht betrachten konnte, unauffällig natürlich. Alles gefiel ihm an ihr: die Art wie sie sprach, wie sie ging, wie sie das Haar aus der Stirn strich, wenn sie sich über eine Zeichnung beugte. Am schönsten erschienen ihm ihre Augen, und er war glücklich, daß sie nicht länger verweint aussahen. Das waren sie in der Zeit gewesen, als man erzählte, ihr Mann sei mit einer anderen auf und davon. Wie konnte man eine Frau wie Maria verlassen? Wieder eines der Rätsel, empfand der Junge, das einem die Erwachsenen mit ihrem Verhalten aufgaben! Er jedenfalls würde nie etwas tun, um Maria zu kränken, da war er sicher.

Jetzt begann sie tatsächlich, den Vater an den Bildern vorbeizuführen. Er hörte sie sagen: „Und dieses hier, Herr Kollege, dürfte Ihnen ja wohl bekannt sein?“ Der Vater verneinte verlegen, wie es dem Jungen schien, und betrachtete nun offenbar, was sich ihm mit dem „Weihnachtstraum“ darbot: Auf der einen Seite die kahle, wüste Felsenlandschaft, erloschene vulkanische Kegel, von Asche umgeben, davor ein Haufen von Schädeln und Totengebein. Auf der anderen Seite, durch einen tiefen Graben getrennt, eine freundliche, baumbestandene Landschaft, darin eine Frauengestalt in blauem Mantel, die sich über einen Rosenstock beugte. – Auf diese Gestalt hatte der Junge beim Malen besondere Sorgfalt verwandt, und sie hatte für ihn fast ein eigenes Leben gewonnen.

Hatte der Vater sich zu dem Bild geäußert? Er hörte erst wieder ihre, Marias, Stimme. „Mal von den Weihnachtssymbolen abgesehen, das Bild spricht eine deutliche Sprache, finden Sie nicht?“ Welche Sprache mochte sein Bild denn sprechen? Der Vater schien auch keine Antwort zu wissen. Er schwieg.

„Leider hat es keine hohe Punktzahl erreicht“, hörte er wieder Maria sprechen, „es wird also nicht zur Versteigerung kommen.“ Der Junge hätte laut jubeln mögen vor Glück.

Kaum hatten die zwei das Klassenzimmer verlassen, als er auch schon sein Werk erneut in Besitz nahm. Mit zitternden Händen löste er es von der Wand und konnte dabei den Blick von der Frauengestalt nicht lösen. Mit einem Male erschien es ihm, daß sie Maria sehr ähnlich sah. Seltsam, das war ihm vorher nicht aufgefallen! Sorgfältig rollte er das Bild zusammen, um es nach Hause zu tragen wie einen Schatz. Er wußte schon, wo er es aufhängen würde!

Am Abend trafen sich Vater und Sohn in der Küche. Sie war für beide eine Art Oase geworden, in die sie aus der Leere des Hauses zu flüchten pflegten. Sie aßen schweigend. In die Stille hinein fragte der Vater plötzlich: „Wärest du sehr enttäuscht, wenn wir Weihnachten dieses Jahr nicht in die Berge fahren würden?“ Überrascht schaute der Junge auf: Hatte man nicht schon begonnen, die Rucksäcke zu füllen? „Im Ernst“, fragte er zögernd, „fändest du das denn gut? Wir beide allein hier ...? „Er ließ den Satz unvollendet und schluckte.

„Wir müßten ja nicht alleine bleiben ...“, meinte der Vater. „Es gibt doch Menschen genug, die man einladen könnte.“ „Zum Beispiel?“, fragte der Junge, jetzt mißtrauisch geworden. „Zum Beispiel Frau Angus“, sagte der Vater, ohne den Blick von dem Teller zu heben. „Du bist nun schon ein großer Junge, fast dreizehn, und kennst die Geschichte mit ihrer Ehe ...“

Der freudige Schreck beraubte den Jungen fast der Sprache. Etwas stotternd brachte er schließlich heraus: „Keine schlechte Idee, wir könnten es ja mal mit ihr probieren. Das heißt, wenn sie überhaupt will... oder hast du sie schon gefragt?“ – „Nicht so direkt“, sagte der Mann. „Nur mal ein bißchen sondiert. Schließlich war es nur fair, dich vorher dazu zu hören. – Es schien mir freilich, als hätte sie nichts dagegen.“

„Dann haben wir aber noch viel zu tun ...“, rief der Junge, rot vor Freude. „Du sagst es“, gab der Vater lächelnd zurück, „eine Frau in unserem Männerhaushalt ... Da werden wir uns anstrengen müssen!“

Die Botschaft

Wenn ihr etwas verhaßt war, so waren es jene Vorschläge wohlmeinender Freunde, die gar nichts verstanden: Mach' eine Reise, such' dir ein Hobby, tritt einem Seniorenclub bei. Sie mußte sich sehr zusammennehmen, um nicht zu schreien: Laßt mich doch mit dem Zeug in Ruhe. Kurt will ich wiederhaben, das ist alles! Sie wußte, daß sie ungerecht war, daß man es gut mit ihr meinte, auch daß alles Schreien und Umsichschlagen nichts half: Kurt war tot, nichts konnte ihn wiederbringen, und sie würde nun ohne ihn leben müssen, hoffnungslos, freudlos, bis auch sie an der Reihe war ... Nur um ihre Freunde nicht ganz zu enttäuschen, hatte sie sich entschlossen, den Weihnachtsbasar ihres Vereins zu besuchen.

Eigentlich war es nie ihr Verein gewesen – Kurt hatte die Leidenschaft für das Wandern gehabt, und sie war ihm gefolgt wie in allem. Nun, dieses eine Mal würde sie noch ihre Pflicht erfüllen, dann konnte sie ihren Austritt erklären.

Sie wartete mit dem Besuch, bis sie den ersten Ansturm vorüberglaubte. Tatsächlich war die Zahl der Besucher jetzt überschaubar geworden. Nur an der Kuchentheke herrschte Gedränge. Zielbewußt steuerte sie die Bücherecke im hintersten Winkel des großen Raumes an, die, wie immer, wenig Beachtung fand und wo sie, zu ihrer Erleichterung, keine Bekannten entdeckte. Gleichgültig ließ sie die Finger über die Rücken der Bücher laufen, die sich ihr teils noch neu und buntglänzend, teils schon in traurig verbrauchtem Gewand präsentierten. Sie blätterte hier ein wenig, las dort ein paar Zeilen, doch der Reiz, Kurt stolz wie ein Jagdhund einen unerwarteten Fund vor die Füße legen zu können: Sieh', was ich für dich aufgespürt habe! – dieser Reiz bestand nun nicht mehr. – Nur um nicht mit leeren Händen gehen zu müssen, griff sie schließlich zu einem alten, noch gut erhaltenen Bändchen mit Rilkegedichten, die sie seit ihrer Schulzeit liebte.

Auf dem Heimweg blies ihr ein eiskalter Ostwind entgegen, der die letzten trockenen Blätter vom Straßenrand in raschelnden Wirbeln emportrug. Durchfroren – die Kälte machte ihr seit Kurts Tod beständig zu schaffen – und elend wie nach einer langen vergeblichen Reise warf sich die Frau daheim auf ihr Lager und weinte lange. – Erst viel später, als sie die Tasche leerte, fiel ihr das Büchlein erneut in die Hände. Sie begann nach einem Gedicht zu blättern, das ihr früher einmal besonders gefallen hatte und – siehe da – sie fand es sogleich: eine Postkarte hatte die richtige Seite markiert. Wer immer das Büchlein gespendet hatte, mußte sie dort vergessen haben. Schon war sie dabei, die fremde Post in den Abfall zu werfen, denn Indiskretion war ihr fremd, als sie feststellte, daß der Poststempel fehlte. Sie schaute, noch immer ganz ohne Neugier, aufs Datum. Es war neu, erst ein paar Wochen alt und von einer schönen, ein wenig altmodischen Handschrift mehr gemalt als geschrieben. Nun empfand sie es fast als Pflicht, die wenigen Zeilen zu lesen. Sie waren an eine Therese gerichtet. Dann hieß es: Demnächst wird man meine Wohnung auflösen. Ich muß mich wohl darein fügen; mitnehmen darf ich kaum etwas, denn im Heim, sagt man mir, sei kein Platz, schon gar nicht für Bücher. Sag' mir, wie soll ich denn ohne sie leben? Schreib' mir einmal! Deine traurige Clara.

Die Frau las die Botschaft, deren Tragik, wie ihr schien, eben in ihrer Knappheit bestand, mit einer Anteilnahme, die sie in letzter Zeit nur für die eigene Lage empfunden hatte. Sie hätte die Karte zur Weiterbeförderung gerne der Post übergeben; doch es fehlten ja beides, Absender und Anschrift. Da lebte jemand, den man der letzten Gefährten beraubte, und niemand war da, um zu helfen! Wirklich niemand? Sie trug die Unruhe mit in die Nacht. „Wie soll ich denn ohne Bücher leben?" Der Satz hatte sich in ihr Herz gebohrt und ließ sie nicht mehr zur Ruhe kommen. Es erschien ihr plötzlich unglaublich wichtig, daß sie die Fremde ausfindig machte. Mit diesem Entschluß erhob sie sich zu nächtlicher Stunde und begann, nur um irgendwo anzufangen, dem Adreßbuch der Stadt die Namen der Alters- und Pflegeheime zu entnehmen. Danach sank sie zum ersten Mal seit ihrer Witwenschaft wieder in einen tiefen, traumlosen Schlaf. Am nächsten Morgen, gleich nach einem eilig verzehrten Frühstück, griff sie zum Hörer und begann, in den Heimen nach einer neuen Insassin mit dem Vornamen Clara zu fahnden. Daß man ihr Fragen sonderbar fand und unwillig war, auf diesem Wege Auskunft zu geben, überraschte sie nicht. Sie hatte damit gerechnet. Ein persönliches Vorsprechen würde viel Zeit erfordern, aber erfolgreicher sein. Den Stadtplan vor sich ausgebreitet, entwarf sie eine sinnvolle Route. „Kurt würde sich freuen, seine Erziehung zur Systematik, die mir immer so schwer fiel, hat Früchte getragen." Lächelnd nickte sie seinem Bild zu, und es schien ihr, als blicke er sie zufrieden an. – Sie ließ den schwarzen Mantel zu Hause und holte den Anorak mit dem dicken Futter aus seinem Sommerversteck, denn das Thermometer war auf Minusgrade gesunken und die Welt vor ihrem Fenster durch glitzernde Eiskristalle in eine Weihnachtslandschaft verwandelt. Derart gegen die Kälte geschützt, die ihr heute gar nicht so unerträglich mehr schien, wanderte sie von Heim zu Heim. Es machte ihr wenig aus, nachsichtig belächelt oder auch mißtrauisch beäugt zu werden. Die Antworten aber, sofern man sie gab, bedrückten sie mehr: Einen Neuzuzug namens Clara habe man nicht zu verzeichnen. – Nach einigen Stunden vergeblicher Suche verspürte sie eine Leere in Kopf und Magen und das Bedürfnis, kein Heim mehr von innen zu sehen. Einen letzten Besuch im Martha-Heim wollte sie noch hinter sich bringen; es lag auf ihrem Heimweg. Die Pforte war unbesetzt, und ein penetranter Geruch nach Bohnerwachs und nach Essen schlug ihr entgegen. Erschöpft sank die Frau auf einen der billigen Sessel in dem kleinen Empfangsraum und starrte auf das lieblos geschmückte Bäumchen, das sich in einer Ecke versteckte. In wenigen Tagen war Heiliger Abend. Würde sie Clara je finden? Inzwischen kam ihr die Suche selbst hoffnungslos und phantastisch vor, ein Hirngespinst, das ihrer augenblicklichen Stimmungslage entsprang. Sie stand auf und war schon dabei, das Haus zu verlassen, als ein junges, rotbackiges Mädchen auftauchte, das mit kräftigen Armen einen Essenswagen zum Lift rangierte. Sie ließ sich bei dieser Arbeit bereitwillig unterbrechen. Clara ... Clara ... sann sie und legte die Stirn nachdenklich in Falten. Clara Hartmann, die wohnt noch nicht lange hier. Zweiter Stock, fünftes Zimmer von rechts.

Clara Hartmann – ein Bild tauchte plötzlich aus der Erinnerung auf. Schuljahr 1947 – Clärchen, wie man sie liebevoll nannte, an die Tafel gelehnt, Rilke zitierend. Hunger, Kälte, Ruinen – Clärchen ließ uns das alles vergessen, dachte die Frau, eine Deutschstunde lang.

Wenn Sie wollen, führ' ich Sie hin, sagte das Mädchen und schob den Wagen zur Seite. Die Frau riß sich aus ihren Träumen. Ja, bitte, hörte sie sich sagen und dachte: Das ist doch nicht möglich – sowas liest man nur in Romanen. Hartmann war schließlich kein seltener Name. – Als sie das Zimmer hinter dem Mädchen betrat, schlug ihr das Herz bis zum Halse. Mit einem Blick umfing sie die kleine, gebeugte Gestalt, die ihnen jetzt das Gesicht zuwandte und wußte, erleichtert und dennoch enttäuscht: Nein, das ist sie nicht, unser Clärchen.

Die Frau fühlte den fragenden Blick der Greisin auf sich gerichtet und stellte sich vor. Erst nachdem das Mädchen das Zimmer verlassen hatte, holte sie Buch und Karte aus ihrer Tasche. Das Buch wurde mir gestern zum Kauf angeboten. Ich fand diese Karte darin. Könnte es sein, daß beides Ihnen gehört? – Die Greisin nickte langsam und nahm das Buch mit zitternden Händen entgegen. Man hat mir alle Bücher genommen, flüsterte sie und ihr Gesicht schien vor Kummer noch kleiner zu werden. – Nun, dieses eine hier konnte ich für Sie retten, sagte die Frau, bemüht, die Alte ihr Mitleid nicht fühlen zu lassen. Und wenn Sie wollen, fuhr sie betont munter fort, dann kann ich auch wiederkommen und Sie mit Büchern versorgen. Die alte Frau schaute sie ungläubig an. Warum sollten Sie das für mich tun, ich bin Ihnen eine Fremde. – Ich hatte daheim eine Lehrerin Ihres Namens, sagte die Frau. Sie hat mir die Welt der Bücher eröffnet. Ist das eine Antwort? – In die Augen der Greisin war plötzlich Leben gekommen. – Ich selbst war Bibliothekarin, sagte sie, und ihre Stimme war fester geworden. – Wie sich das trifft, gab die Frau zur Antwort. Dann könnten wir viel Gesprächsstoff haben. Hätten Sie Lust, Weihnachten zu mir zu kommen? Sie täten mir einen Gefallen, ich lebe allein ... Sie schwieg einen Augenblick und fügte hinzu, während sie auf die Karte blickte. Wenn ich die nicht per Zufall gefunden hätte... Aber, wer weiß, vielleicht war es gar kein Zufall?

An Weihnachten soll es ja hilfreiche Geister geben!

Ja, ja, Charles Dickens, „Der Weihnachtsabend", die alte Frau nickte heftig. Kein Weihnachten ohne diese Geschichte. Mir geht es ähnlich, sagte die Frau. Wie wäre es, wenn wir sie diesmal gemeinsam läsen, – haben Sie Lust?

Auf den Wangen der alten Frau waren zwei rote Flecken erschienen. Das wäre wunderbar! – Wirklich, ich weiß gar nicht, was ich sagen soll, stammelte sie.

Nichts weiter als „Ja", sagte die Frau und drückte die magere Hand, die sich ihr dankbar entgegenstreckte. „Also abgemacht, liebe Frau Clara. Bis bald!"

Die Brosche

Der Adventskranz, oder was von ihm übrig war, stand auf dem Tisch. Die Kerzen waren beinahe heruntergebrannt. Hans-Peter kannte die Sparsamkeit seiner Mutter. Nie würde sie sich von ihm trennen, bevor nicht die Stümpfe ihr letztes Wachs auf die dürren Zweige vertropften. Während die Frau den Kaffee einschenkte, ließ Hans-Peter den Blick durch die Küche wandern. Alles war so, wie er es in Erinnerung hatte, dieselben gestickten Kissen auf dem schäbigen Sofa, der angeschlagene Topf mit den künstlichen Blumen auf dem uralten Küchenbuffet. „Hier hat sich wirklich gar nichts verändert", bemerkte er lächelnd. „Warum sollte es auch!", gab die Mutter zurück. „Für all den modernen Firlefanz habe ich keinen Sinn – und kein Geld!" Hans-Peter schwieg. Er wußte nicht, was sie mit Firlefanz meinte, doch er nahm sich vor, ihr vom ersten selbstverdienten Geld einen dieser modernen Herde zu kaufen. Er würde ihr die Arbeit erleichtern.

In dem Jahr seiner Abwesenheit war sie gealtert, oder täuschte er sich? Waren die Lippen nicht schmaler, die Züge nicht strenger geworden? Es tat ihm weh, sie so vorzufinden. Er würde mit Ilona darüber reden. Ilona! Auf einmal hatte er große Sehnsucht nach seiner Schwester. Er stand auf, trat ans Fenster und spähte auf die schon menschenleere Gasse hinunter. „Wann kommt denn Ilona, Mutter? – Sie wird doch kommen, nicht wahr?", fügte er hastig hinzu. Irgendetwas lag in der Luft, das ihn unruhig machte. Er hatte sich nicht getäuscht.

„Es ist da etwas, was ich dir sagen wollte“, sagte die Frau. „Ich habe es nicht geschrieben, weil ich dich nicht belasten wollte ... Deine Schwester hat mich bestohlen.“ Hans-Peter, erschreckt und zugleich erleichtert, lachte nervös. „Aber Mutter“, rief er, „das ist doch wohl nicht dein Ernst! Wie kommst du auf diese absurde Idee?“ Die Frau antwortete nicht auf seine Frage, sondern sprach tonlos und wie zu sich selbst: „Und daß es die Brosche sein mußte, Großmutters Brosche, das einzige Schmuckstück, das mir noch blieb!“ „Mutter“, sagte Hans-Peter energisch, „du hast uns sehr streng erzogen. Wir sind dir auch dankbar dafür. Daß wir mein und dein unterscheiden lernten, war mit das erste, was du uns beigebracht hast. Es schien dir besonders wichtig zu sein. Wie kannst du nur deiner Tochter einen gemeinen Diebstahl zutrauen!“

Die Züge der Frau verhärteten sich. „Außer ihr war niemand in meiner Wohnung. Und die Brosche hatte dort auf dem Tischchen gelegen, ich weiß es genau.“ „Hast du ihr etwa von deinem Verdacht gesprochen?“ fragte der Sohn. „Ich konnte sie einfach nicht fragen. Es ist doch mein Kind und ich schämte mich so für sie.“

Die Frau schwieg ein Weilchen, in Gedanken versunken. Dann hob sie den Kopf und sagte: „Hans-Peter, damit du mich richtig verstehst, ich muß dir etwas verraten, was ich bislang vor euch Kindern geheimhielt. Euer Vater hat damals in seiner Firma

Geld unterschlagen. Es war nicht viel, und er hat es ja auch zurückgeben wollen – wir steckten damals in einer Klemme – darum kam er ja auch auf Bewährung frei."

Hans-Peter nahm die Hand seiner Mutter zwischen die seinen. „Mutter, das habe ich lange gewußt. In einem Nest wie dem unseren hier läßt sich so etwas nicht auf Dauer verheimlichen. Aber was hat das alles mit Ilona zu tun?" „Du hast es gewußt?", rief die Frau erschrocken. „Ja", sagte der Sohn, „Und es hat meine Liebe zu ihm nicht gemindert, wenn du das meinst. Aber nun weich' mir nicht aus: was hat das mit Ilona zu tun?" „Sie ist ihm so ähnlich", sagte die Frau. „Ich habe schon lange befürchtet, daß sie labil ist." „Das ist es also!" Hans-Peter schlug sich mit der Hand an die Stirn. „Und was ist mit mir?" Sein Ton war scharf, und die Frau fuhr zusammmen. „Du kommst auf mich!", sagte sie ernst. Er schüttelte langsam, ungläubig den Kopf.

„Daß er zu trinken anfing, euer Vater, das weißt du ja noch", fuhr die Mutter fort. „Ja", sagte Hans-Peter „ wohl weil es ihm nicht mehr gelang, eine neue Stelle zu finden." „Mag sein", gab die Frau zur Antwort. „Aber er war eben zu weich, kein Durchsetzungsvermögen, verstehst du. Und glaube nicht, daß es leicht für mich war, acht Stunden hinter der Theke zu stehen", fuhr sie heftig fort, „mit zwei kleinen Kindern daheim. Aber einer mußte ja die Brötchen verdienen." „Oh, wir haben nichts entbehrt. Vater war ein hervorragendes Kindermädchen", gab

Hans-Peter zurück. „Entsinnst du dich nicht? Wir hingen wie Kletten an ihm. Der konnte Geschichten erzählen ... an manche kann ich mich noch bis zum heutigen Tage erinnern."

„Ja, das sah ihm ähnlich! Immer den Kopf in den Wolken", bemerkte die Frau. „Menschen mit Phantasie streuen Farben ins Leben", sagte Hans-Peter. „Mit seinem Tod brach für mich die Welt der sorglosen Kindheit zusammen."

Sie saßen sich schweigend gegenüber, und beide empfanden, daß die Harmonie, die früher so selbstverständlich ihre Beziehung bestimmte, sich nicht wieder einstellen wollte.

Schließlich sagte Hans-Peter: „Ich werde den Baum zu schmücken beginnen. Du siehst müde aus, Mutter. Setz' dich ein wenig in den Sessel; ich weiß ja, wo alles zu finden ist." Es drängte ihn, etwas zu tun, sich zu bewegen, ja auch die Fenster weit aufzureißen und sich die kalte Winterluft in die Lungen zu pumpen.

Die Frau indessen ließ sich in ihrem Sessel nieder. Nein, an Ruhe war nicht zu denken. Das Gespräch mit Hans-Peter hatte ihr schmerzlich ins Bewußtsein gebracht, was sie gerne vergessen wollte. Sie spürte das Blut in den Ohren rauschen. Wieviel Tropfen hatte der Arzt ihr doch gleich zu nehmen verordnet, wenn dieses Herzrasen sie befiel? Mit zitternden Händen tastete sie nach der Brille. Vergeblich. War sie, wie manchmal schon, in die Sesselfalte gerutscht? Au! Sie stieß einen kleinen Schmerzensschrei aus, als sie den Stich der Nadel in ihrer Fingerkuppe verspürte. Langsam, fast widerstrebend, zog sie das Schmuckstück aus seinem Versteck.

Die Türglocke wurde stürmisch gedrückt. Sie hörte Hans-Peters freudigen Ausruf: „Ilona!“ Er schob die Schwester ins Zimmer hinein. Die Frau saß noch immer unbeweglich, den Blick wie erstarrt auf den Fund gerichtet. Sie hörte sich stammeln: „Die Brosche! Ich habe sie eben gefunden!“

„Ach du, das freut mich wirklich für dich!“ Das junge Mädchen beugte sich nieder und küßte die Mutter. „Nur, nun habe ich gar kein Weihnachtsgeschenk für dich!“ Die Frau blickte die Tochter verständnislos an. „Was soll das heißen, Ilona?“ Aufgeregt zerrte das Mädchen ein Schmucketui aus der Tasche. „Es tat mir so leid, daß du deine Brosche vermißtest. Da habe ich einen Goldschmied gesucht und eine neue anfertigen lassen, nach meiner genauen Beschreibung, verstehst du? Schau selbst, es ist gut gelungen, nicht wahr?“ Begeistert hielt sie die beiden Schmuckstücke nebeneinander, doch dann verdunkelte sich ihr Gesicht. „Aber was machst du nun mit zwei gleichen Broschen?“

„Oh, Ilona“, sagte die Frau, um Fassung bemüht. „Du wirst es nicht glauben, aber es ist das schönste Geschenk, das du mir machen konntest! Du hast mich beschämt.“ Sie wagte Hans-Peter nicht anzusehen und schluckte ein paar Mal, ehe sie fortfuhr: „Nun habe ich auch ein Geschenk für dich. Nimm’ du die Brosche, die von meiner Großmutter stammt. Sie ist bei dir in den richtigen Händen. Ist es nicht hübsch, wenn wir beide, Mutter und Tochter, bisweilen das gleiche Schmuckstück tragen?“ „Sozusagen als Markenzeichen, das Güte verbürgt, was, ihr Frauen?“ rief Hans-Peter und lachte befreit. „Komm, Ilona, hilf mir den Weihnachtsbaum schmücken!“

Die Schneewanderung

Der erste Weihnachtstag hat sich anfangs freundlich und sonnig gezeigt. Erst gegen Mittag sind von Westen dickbäuchige Wolken herangezogen, eine dünne Dunstschicht hat sich über die Sonne gelegt und ihre Strahlen verwässert. Die drei Geschwister haben ihr Ausflugsziel erreicht und von der kleinen felsigen Plattform aus über das weite Waldgebiet bis zu der fernen Linie am Horizont geschaut, wo sie die Ebene wissen. Auf dem Heimweg beginnen die ersten zarten Flöckchen sich zaghaft aus den Wolken zu lösen. „Schnee, Schnee!“ ruft Susi begeistert und fängt die zierlichen Sternchen in ihren Händen auf. Auch Frank lächelt zufrieden. Vielleicht wird man an Neujahr Skifahren können.

Sie steigen bergab. Die Flocken haben sich mittlerweise zu dicken Wattebäuschen zusammengeballt und beginnen Wald, Wege und Wanderer in ein weißes Gewand zu hüllen. Nach einer Weile macht Susi halt und schüttelt den Schnee von der grellroten wollenen Mütze, die sie heute eingeweiht hat. Frank ist ebenfalls stehengeblieben und blickt um sich. „Du, Wolfgang“, sagt er zögernd, „die Gegend hier sieht mir so fremd aus. Kann es sein, daß wir den Weg verfehlt haben?“ „Unsinn“, sagt der „ich kenne mich aus.“ Beide Brüder schauen zu der kleinen Susi hinunter. „Du kannst doch noch laufen?“, fragt Frank besorgt. Susi nickt tapfer. „Nur die Hände ...“ Sie reibt sie aneinander und verzieht das Gesicht.

„Bald sind wir am Auto, und zu Hause gibt's was Heißes zu trinken", muntert Wolfgang sie auf. Sie stapfen weiter voran. „Die Abbiegung oben am Sennkopf ..." murmelt Frank nach einer Weile, „ich glaube, wir haben mit Vater immer den anderen Weg genommen." „Ich bin sicher, daß wir hier richtig sind!" entgegnet Wolfgang, doch es klingt nicht mehr ganz so überzeugt wie vorhin. „Wenn nur der verdammte Schnee nicht wäre ...!" Frank schaut verstohlen auf seine Uhr. Halb vier. In knapp einer Stunde wird es dunkel. „Wir müßten doch längst an der Landstraße sein", beginnt er schließlich erneut. Wolfgang antwortet nicht. Er pflügt durch den Schnee, das Kinn vorgestreckt. „Vater hat immer ...", beginnt Frank, doch er wird von dem älteren Bruder scharf unterbrochen. „Vater hat dies, Vater hat das, hör doch endlich auf! Vater ist tot. Jetzt sind wir allein und müssen alleine entscheiden." Frank schluckt und hält es für besser, den Mund zu halten. Wolfgang ist hart geworden seit Vaters Tod. Kein Wunder. Er hat sein Studium abbrechen müssen, um zusammen mit Mutter den kleinen Betrieb über Wasser zu halten. Das ist bitter für ihn.

Sie wandern schweigend, passen die Schritte denen der kleinen Schwester an. So geht es nur langsam voran. Von Zeit zu Zeit fischt Wolfgang einen Bonbon aus der Anoraktasche und reicht ihn Susi hinüber. Ihr Gesicht erscheint ihm plötzlich ganz klein, und unter den Augen haben sich dunkle Ringe gebildet, wie mit dem Malstift gezogen.

Als links am Weg eine Hütte auftaucht, das tiefgezogene Dach schon mit einer weißen Haube bedeckt, die Läden der Fenster verrammelt, ist es auch Wolfgang klar: Sie haben den richtigen Weg verfehlt. Mit einem Ruck bleibt er stehen. „Du hast recht, wir sind falsch", wendet er sich an Frank, „diese Hütte ... ich hab' sie noch nie gesehen." Trotz der Kälte überläuft es ihn siedend heiß. Es ist schon vier Uhr. In einer halben Stunde fängt es an, dunkel zu werden. Das Waldgebiet ist ausgedehnt und unübersichtlich, und Susi wird bald nicht mehr laufen können.

Als Mutter, über die Kontobücher gebeugt, ihm heute die Geschwister für diese Wanderung mitgab, eine Wanderung, wie sie sie früher mit Vater zu unternehmen pflegten, hat sie ihm völlig vertraut. Und er, Wolfgang, hat versagt, doppelt sogar: Er hätte die Schneewarnung gestern ernst nehmen müssen, und warum nur war die Karte zu Hause liegengeblieben? Es war unverzeihlich.

Sie stehen unschlüssig vor der Hütte, die sich abweisend in die Kreuzung duckt. Welcher der Wege führt in die richtige Richtung? Der schneeverhangene Himmel läßt keine Orientierung zu, und Hinweisschilder sind nicht zu entdecken. Oder ist das dort eines, hoch oben am Stamm der riesigen Fichte? Der Schnee hat die Schrift unlesbar gemacht. Gemeinsam wirft man Knüppel und Tannenzapfen hinauf, bis nach einiger Mühe Buchstaben sichtbar werden. „Föhrenschlag", buchstabieren sie mühsam und sehen sich an. Es ist nur der Name eines Gewanns, der ihnen ohne Karte nichts nützt.

Susi hat zu weinen begonnen. „Ich nicht mehr laufen", jammert sie, „meine Füße fühlen sich wie Eisklumpen an."

Wolfgang, der seit dem langen und schmerzhaften Krankenlager des Vaters nicht mehr gebetet hat, schickt jetzt doch ein Stoßgebet gen Himmel: Du weißt, Gott, ich bin schuld, laß es meine Geschwister nicht büßen! – „Also, was schlägst du vor?", fragt Frank und kickt in den Schnee. Offenbar ist er willens, dem Bruder auch weiter die Rolle des Führers zu überlassen. Der aber zögert. Er schämt sich, Frank seine Ratlosigkeit zu gestehen.

„Da kommt ja ein Hund", ruft Susi plötzlich und benutzt ihren Ärmel, um sich die Tränen abzuwischen. Die beiden Jungen starren dem Tier entgegen, das sich ihnen schwanzwedelnd nähert. Dann sehen sie auch den Mann. Er steigt langsam bergauf, ihnen entgegen. Pelzmütze und Jacke sind schneebedeckt, auch der Rucksack trägt eine weiße Kappe. Seit Stunden der erste Mensch, dem sie auf ihrem Weg begegnen, ein Wanderer, von dem man hoffen kann, daß er die Gegend kennt. Wolfgang bemüht sich, seine Erleichterung zu verbergen. Ist das hier vielleicht schon die Antwort auf sein Gebet?

Der Fremde zögert kurz, als er sie sieht. Dann beschleunigt er seine Schritte. Mit gesenktem Kopf ein „Guten Abend" murmelnd, schiebt er sich an dem Trio vorbei. Doch Wolfgang tritt ihm schnell in den Weg. Er grüßt höflich und erklärt ihre Lage. Ob er wisse, wie man von hier zum Waldparkplatz kommt? Der Mann wirkt mürrisch. Offensichtlich ist der Aufenthalt ihm nicht gelegen. Dann fällt sein Blick auf Susi. Die Jungen sieht er nicht an. „Bißchen zu viel für die Kleine, was?“ Er spricht mit einem harten, in der Gegend nicht gebräuchlichen Dialekt. „Ihr seid genau auf die falsche Seite des Berges geraten. Dort müßt ihr rüber“, erklärt er schroff und weist auf den Weg, der links von der Hütte in leichtem Anstieg emporführt. „Wie weit?“, fragt Wolfgang. Seine Stimme klingt heiser. „Etwa anderthalb Stunden“, erwidert der Mann, „aber dann muß man schon ein gutes Tempo vorlegen.“ Wieder richtet sein Blick sich auf das Mädchen, das sich an den großen Bruder gedrängt hat. Wolfgang schluckt krampfhaft und legt seinen Arm um die schmalen Schultern der Schwester.

Als könne er dessen Gedanken lesen, schüttelt der Mann langsam den Kopf. „Die Kleine wird das nicht schaffen.“ Die Brüder stehen ratlos da mit hängenden Köpfen. Der nahende Abend hat die Kälte verstärkt. Der Wind treibt ihnen jetzt die Flocken wie winzige Pfeile ins Gesicht. „Ihr werdet ins Dorf hinunter müssen, das ist näher. Mit Glück bekommt ihr den letzten Bus.“ Wolfgang sieht ihn fragend an. „Wenn ihr dem Fahrer Bescheid sagt, hält der am Parkplatz, wo ihr das Auto stehen habt“, erklärt der Mann brüsk und macht Anstalten, weiterzugehen.

Der Bus, das wäre die Lösung! Wolfgang läuft neben dem Fremden her. „Den Weg ins Dorf, könnten Sie uns den bitte nicht zeigen?“ Unwillig hält der Mann noch einmal an. Der breitere Fahrweg sei zu lang, erklärt er unwirsch. Er laufe in endlosen Serpentinen. Wegen der Kleinen und der aufkommenden Dunkelheit müßten sie schon den Abkürzungspfad nehmen. Mit einer Handbewegung die Richtung andeutend, beginnt er hastig, etwas von einer Schonung, einem Pfad quer über die Lichtung, einem engen Hohlweg bergab zu sprechen.

„Das finden wir nie, es dämmert bereits", entfährt es Wolfgang. Dann schämt er sich seiner Mutlosigkeit. Glücklicherweise haben die Geschwister ihn nicht gehört. „Vielen Dank, wir werden's trotzdem versuchen", korrigiert er sich schwach. Der Fremde bleibt stehen, sieht Wolfgang einen langen Augenblick an. Dann schaut er zurück zu Susi und Frank, die – zwei verlorene kleine Gestalten – auf der Wegkreuzung warten. Etwas scheint in ihm vorzugehen. Sein Gesicht verzerrt sich wie unter heftigen Schmerzen. „Also, in Gottes Namen, kommt mit, ich werde euch führen", stößt er schließlich hervor. „Vielleicht muß es so sein ..." Er macht kehrt, pfeift seinem Hund, der schon ein Stück bergauf gejagt ist, und schlägt den Pfad ein, auf dem er gekommen war. Ein paar verlegene Worte des Dankes und der Entschuldigung stammelnd, winkt Wolfgang den Geschwistern, dem Fremden zu folgen. Der Mann, offenbar nicht zum Reden aufgelegt, brummt nur ein mürrisches „Schon gut!" So wandern sie schweigend, jeder mit seinen Gedanken beschäftigt. Nur Susi richtet von Zeit zu Zeit ein paar zärtliche Worte an den Hund, der sich zu ihr gesellt hat.

„Wir sind bald zu Hause!" beteuert sie ihm, und vergißt ihre kalten Hände und Füße darüber.

Endlich tauchen als freundliche Boten des Dorfes die ersten Lichter zwischen den Bäumen auf. Wolfgang eilt an die Seite des Fremden. „Jetzt können wir den Weg nicht verfehlen. Haben Sie vielen Dank!“, sagt er hastig, „Sie haben uns sehr geholfen. Hoffentlich kommen Sie dennoch rechtzeitig an Ihr Ziel!“, fügt er noch höflich hinzu. Der Fremde sagt nur: „Mein Haus liegt gleich hier am Waldrand.“

Als der Pfad den Blick auf die Dorfstraße freigibt, stockt der Schritt des Mannes abrupt. Auch die jungen Leute erblicken den Wagen mit dem rotierenden Blaulicht. Er ist vor einem der kleinen Häuser geparkt. Einer in Uniform wartet am Gartentor. Der Fremde strafft sich. „Kommt!“, fordert er die Geschwister auf – und zu Susi gewandt: „Ich schenk' dir den Hund, wenn du willst. Paß gut auf ihn auf!“ Susi schaut ihn einen Augenblick ungläubig an, dann nickt sie zaghaft und lächelt ihn an.

Der Uniformierte hat mittlerweile die kleine Gruppe erspäht. Er schreitet ihnen hastig entgegen und umfaßt den Fremden mit einem prüfenden Blick. „Herr Marek?“ fragt er. Der nickt nur stumm. „Herr Marek, gegen Sie liegt Haftbefehl vor wegen Betruges.“ Er zieht ein Papier aus der Tasche. „Bitte kommen Sie mit!“

„Da drüben ist die Bushaltestelle“, sagt der Mann Marek, sich rasch den Geschwistern zuwendend und deutet die Straße hinunter. Dann steigt er, ohne sich umzudrehen, mit dem Uniformierten in den wartenden Wagen.

Die Jungen starren ihm fassungslos nach. „Aber der ist doch kein Verbrecher!“, schluchzt Susi auf und hält den winselnden Hund fest am Halsband. „Weiß man’s?“ sagt Wolfgang. „Doch für uns war er heute der rettende Engel.“

Die Versuchung

Früher hab' ich dort nicht eingekauft, aber seit mir das Gehen Mühe macht, bin ich froh, daß ich nur ein paar Häuser weit laufen muß, um das Notwendigste zu besorgen. – Die Preise sind höher dort als in den anderen Filialen der Kette. Seltsam! Die Kassiererin klärte mich auf: „Die Diebstahlquote, die ist bei uns höher. Darum." Mich hat das gewundert; die Gegend hier ist doch nicht schlecht ... Einmal hab ich's dann selber erlebt. Es war mitten am Vormittag, und die Burschen und Mädchen hatten im Nu den Laden gefüllt. Sie wollten sich wohl ihr Schulfrühstück holen, denn sie gingen gleich zu den Cola-Dosen und zu dem Stand mit den Süßigkeiten. Das ist ja heute so üblich. – Ich ging ein wenig zur Seite, um ihnen den Vortritt zu lassen. Sicher mußten sie eilig zurück zur Schule. Ich selbst hatte ja Zeit, mehr als mir lieb war. – Der eine Rothaa-rige fiel mir auf. Er schlenderte irgendwie lässig, als hätte er nichts Bestimmtes im Sinn. – Dann nahm er etwas – ich glaube, es war eine Packung mit Batterien – aus dem Regal, schien die Aufschriften zu studieren und steckte sie dann ganz ohne Eile in seine Hosentasche. Als ich später hinter ihm an der Kasse stand, lag nur eine Flasche Sprudel in seinem Wagen. Die Gruppe verließ zusammen den Laden, und ich sah sie drüben im großen Schultor verschwinden.

„Da muß man wohl ganz schön hinterhersein", hab' ich zu der Frau an der Kasse gesagt und nach drüben gedeutet. Sie zuckte nur resignierend die Achseln, und ich dachte: gut, daß es zu meiner Jugendzeit noch keine Läden gab, wo man sich selber bedienen konnte. Die werden ganz schön in Versuchung geführt, die Jungen heute.

Von da an zog ich es vor, nicht zur Pausenzeit einzukaufen; die Sache hatte mich niedergedrückt. Aber einmal ließ es sich nicht umgehen. Wieder füllte eine Gruppe von Jungen und Mädchen den Laden. – Einen von ihnen kannte ich gut; es war Michael, Sohn meiner Nachbarn, ein netter, freundlicher Junge. Weil er keine leibliche Großmutter hatte, sagte er immer „Omi Herta“ zu mir. – Der wird doch nicht auch... ging es mir durch den Kopf, gleichzeitig schämte ich mich für diesen Gedanken. Er stand, ohne mich vorher gesehen zu haben, vor dem Regal mit dem Weihnachtsgebäck. – Dann geschah es tatsächlich: Er griff nach etwas und ließ es in die Tasche seines Anoraks gleiten. – Ich fühlte, wie es in meinen Schläfen zu pochen begann. Mir war kreuzelend zumute. Aber ich mußte es tun, ich war es ihm schuldig. Ehe er sich noch umwenden konnte, trat ich von hinten an ihn heran und legte ihm die Hand auf die Schulter. – „Michael“, sagte ich nur, „sowas darf man nicht tun!“ Er zuckte zusammen wie von einem Stromstoß berührt. Fast tat er mir leid, so bleich war er geworden. „Es war eine Mutprobe, glaube mir“, stotterte er. „Du wirst mich doch nicht verpfeifen, Omi Herta?“ Die Angst stand ihm in den Augen. „Versprochen“, gab ich zur Antwort. „Aber laß’ dich auf Mutproben dieser Art nicht mehr ein! Es täte mir leid, wenn du dich vor dir selber schämen müßtest." Er legte das Päckchen zurück – es waren Dominosteine –, und ich sah, daß seine Hand dabei zitterte. Er hat es noch nicht öfters getan, dachte ich. Gott sei Dank!

Das war im November gewesen. Der Dezember brachte die Nachricht, daß mein Herz einen Schrittmacher brauche. Auch wurden die Schmerzen in meiner Hüfte plötzlich sehr heftig. Nur mit Mühe konnte ich meinen kleinen Haushalt in Ordnung halten. – Mein Sohn rief aus Hamburg an und riet mir dringend, mich um einen Heimplatz zu bemühen. Ich schrieb an meine Tochter Verena, die alleinstehend ist, und bat sie, über die Feiertage zu mir zu kommen, bis ich mich mit dem kleinen Motor, der mein Herz kontrollieren sollte, vertraut gemacht hätte. Sie antwortete in der ihr eigenen kühlen und sachlichen Art, daß sie dieses Jahr eigentlich andere Pläne für Weihnachten habe und daß sie die Ansicht des Bruders teile: ein Heim wäre doch keine schlechte Idee.

An jenem Tag beschloß ich, das Problem auf meine Weise zu lösen. Ich würde ganz einfach die Lebensmittel ausgehen lassen. Groß waren meine Vorräte ohnehin nicht. Sie gingen in ein paar Tagen zuende. Schließlich blieben nur noch die Dosentomaten und ein paar Suppen. Dann waren auch die verbraucht. – Die Dezembertage dämmerten grau und eintönig dahin, und ich hörte auf, sie zu zählen. Ich verbrachte die Zeit in meinem Sessel und stand nur auf, um mir hin und wieder eine Tasse Tee zu bereiten. Hunger empfand ich nicht mehr; im Gegenteil, ich fühlte mich angenehm leicht. Auch die Hüftschmerzen waren jetzt fast erträglich. Seltsam, hab' ich gedacht, so ließe sich's beinahe leben. – Jedoch mein Entschluß war gefaßt, und ich spürte keine Neigung, ihn rückgängig zu machen. – Einen Umschlag „Nach meinem Tode zu öffnen", der ein paar letzte Anweisungen enthielt, hatte ich deutlich sichtbar im Flur deponiert. Als die Hausglocke schellte, schenkte ich ihr keine Beachtung. Den wenigen Freunden, die ich jetzt noch besitze, hatte ich etwas von einer Reise erzählt, was in gewissem Sinne ja zutraf. Auch die Post hatte ich von meiner Abwesenheit in Kenntnis gesetzt.

Aber, wer immer da draußen stand, gab nicht auf. Er schellte wieder und wieder. – Es könnte schließlich doch Verena sein, dachte ich plötzlich und fühlte mein Herz bei dem Gedanken erwartungsvoll klopfen. War da noch etwas wie Hoffnung in mir? Ich stellte es mit Verwunderung fest.

Der Weg an die Tür war nun schon eine anstrengende Unternehmung, und ich mußte mich an der Wand entlang vorwärtsbewegen, um nicht zu stürzen. „Omi Herta!", rief der Junge. „Du bist also da! Ich wollte dir frohe Weihnachten wünschen. Läßt du mich rein?" – Was blieb mir anderes übrig; ich nickte stumm. „Und Dankeschön auch für neulich, du weißt schon", fuhr er verlegen fort. – Er hielt mir eine Tüte entgegen. „Das hab' ich selber gebacken!"

Ich merkte, daß die Kraft mich verließ und lehnte mich gegen die Tür. „Ist dir was, bist du krank?" Der

Junge sah ganz erschreckt aus. „Es geht schon, Michael", hörte ich mich wie von weit her murmeln. „Bring mich zu meinem Sessel!"

Als ich zu mir kam, hörte ich ihn in der Küche rumoren. „Omi Herta", sagte er streng, „ich wollte dir was zu essen machen, da hab' ich gesehen, dein Kühlschrank ist ja ganz leer, und im Brotfach ist auch nur 'ne harte Kruste." – Ich wandte mich ab, um ihm nicht in die Augen sehen zu müssen.

„Die Lebensmittel sind mir halt ausgegangen", sagte ich schwach. „Omi Herta", sagte der Junge ganz unerbittlich, „ich hab' den Brief auf der Konsole gesehen. Omi Herta, sowas darf man nicht tun! Du bist doch immer so tapfer gewesen, jedenfalls seit ich dich kenne. Leg' dich hin! Ich werde jetzt für dich einkaufen gehen."

Später am Abend hat es dann noch mal geschellt. Das war Verena. „Ich hatte so ein dummes Gefühl, wenn ich an dich dachte", gestand sie mir und war plötzlich nicht mehr so kühl und so sachlich.

„Ach, das war unbegründet", sagte ich kühn und fühlte mich nach meiner Hafersuppe nun schon viel besser. „So schnell geb' ich nicht auf. Trotzdem, daß du gekommen bist, das ist schön!" Dann zündeten wir die Kerze an, die sie mitgebracht hatte.

Der Weihnachtsbesuch

Daß die Tür noch offen war, verdankte er einem Versehen der Pfortenschwester. Der Bursche wagte seinem Glück kaum zu trauen: es war ihm tatsächlich gelungen, seine Verfolger abzuhängen. Hier war er erst einmal sicher. Von weither tönte gedämpft der Gesang und das Beten der Schwestern. Vorsichtig schlich er das Treppenhaus hoch bis zum obersten Stockwerk. Die alte Frau ruhte im Lehnstuhl. Sie hatte die Augen geschlossen. Die Erinnerung an die Weihnachtsfeste vergangener Jahre tauchte nebelhaft auf und versank dann wieder, und die Geister ihrer verstorbenen Lieben gingen im Zimmer ein und aus.

„Du bist Felix, nicht wahr“, sagte sie zu dem Jungen, der plötzlich vor ihr stand. „Ja“, sagte der Junge, „aber sprich leise.“ „Besucher sind hier erlaubt“, sagte die Alte. „Trotzdem“, sagte der Junge. Er atmete immer noch heftig und wischte sich den Schweiß von der Stirn. „Kann ich mich setzen?“ Aber natürlich“, sagte die Greisin. „Sicher bist du müde und hungrig. Ich wünschte, ich hätte etwas zum Essen für dich. Aber sie haben schon alles rausgetragen.“

„Nicht wichtig“, sagte der Junge und setzte sich auf den freien Stuhl, der für Besucher bestimmt war. Er blickte wie sichernd um sich. Die Angst stand ihm noch in den Augen. „Du hast keinen Balkon?“, fragte er. Seine Stimme klang heiser. Ein Balkon war schon einmal seine Rettung gewesen. „Zimmer mit Balkon sich teuer“, sagte die Frau. „Dafür reicht meine Rente nicht. Aber ich bin auch so zufrieden. Und du“, fuhr sie fort, „sie haben dich also entlassen?“

Der Bursche zuckte zusammen. „Ja“, murmelte er mit gesenktem Kopf; „aber sprich leise!“ „Keine Angst, mein Junge“, sagte die Frau, „hier hört uns keiner. Schön, daß du Weihnachten frei bist.“ Der Bursche nickte. Sie schwiegen eine Weile gemeinsam. Dann schlug die Greisin sich an den Kopf. „O mein Gedächtnis! Natürlich hab’ ich noch was zu essen. Hol mal den Teller von der Vitrine da drüben. Die backen gut, die Schwestern hier, wenn auch nicht ganz so gut, wie deine Mutter das konnte.“ Sie lachte heiser. „Greif zu, mein Junge. Früher brauchte man dich nicht zweimal zu bitten. – Meine Güte, was konntest du futtern!“

„Ich habe tatsächlich Kohldampf“, sagte der Junge und begann zuzulangen.

„Weißt du“, sagte die Greisin, „ich glaube, ich bin selbst daran schuld.“

„Schuld woran?“ fragte der Junge kauend.

„Daß das so passiert ist mit dir“, sagte die Frau. „Ich hab’ dir nie etwas abschlagen können. Nicht aus Bequemlichkeit, nein, nur aus Liebe.“

Der Junge schaute jetzt auf. „Liebe ist gut, Liebe ist Spitze“, sagte er und wischte sich über den Mund. „Die kann niemand schaden“ und dachte: Mich hat niemand geliebt. „Meinst du wirklich, mein Junge“, sagte die Greisin und schaute ganz glücklich. „Weißt du, dann könnte ich ruhiger sterben.“

„Klar mein' ich das", sagte der Junge. „Aber jetzt muß ich weiter." Er griff nach dem letzten Zimtstern. „Frohe Weihnachten, Oma!"

„Warte, mein Junge", sagte die Frau. „Du wirst Geld brauchen jetzt für den Anfang. – Nimm den Fünfziger aus der Lade da drüben. Das ist mein Weihnachtsgeschenk für dich." „Laß gut sein, Oma! Ich komm' schon zurecht. Hab' 'ne Stelle im neuen Jahr."

„Du hast Arbeit ..." Die Alte nickte zufrieden. „Das freut mich für dich, mein Junge. Frohe Weihnachten also – und wenn du willst, dann komm wieder."

Der Junge schlich das Treppenhaus runter. Sentimentaler Dummkopf, schimpfte er sich. Sowas ist dir noch niemals passiert. Fünfzig Mark, die hätten mich über die nächsten Tage gebracht – und sie wären nicht mal gestohlen gewesen ... Die mit ihrem „mein Junge" und ihrem Gefasel von Liebe, die hat mir den Mumm aus den Knochen geklaut.

„Das war nicht Felix", sagte die Alte, und ihre Züge verzogen sich zu einem listigen Schmunzeln. „Felix hat Zimt nie gemocht. Und dieser da hat keinen Zimtstern übriggelassen. Aber verraten habe ich ihm nicht, dem Lausbub, daß ich ihm auf der Spur war. Jeder soll seine Chance haben – wo doch heute Weihnachten ist."

Wohin mit Hektor

„Du Paul, darf ich Hektor das nächste Mal zur Jugendgruppe mitbringen?“ Paul warf einen schnellen Blick auf den Jungen. Daß er bedrückt aussah, war ihm schon länger aufgefallen. Eigentlich hätte er antworten müssen: Du weißt doch, daß Hunde hier nicht erlaubt sind. Doch stattdessen fragte er nur: „Ist etwas, Martin?“ Das runde Bubengesicht verdunkelte sich, und Paul meinte, sogar ein paar aufsteigende Tränen entdecken zu können. „Ohne Hektor komme ich nicht“. Martin wich aus. Die Antwort klang eher traurig als trotzig. Paul war nun sicher, daß ein Gespräch fällig war. Ade also, ruhiger Abend! Es gab Augenblicke, wo er sich wünschte, Schalterbeamter geworden zu sein.

„Ich hab’ ‘nen Vorschlag, du kommst heute abend mal rüber, mit Hektor natürlich, dann können wir sprechen. Außerdem hab’ ich ein paar neue CDs“, fügte er augenzwinkernd hinzu. Das Gesicht des Jungen erhellte sich etwas.

Pünktlich um sieben stand der Bub auf der Schwelle von Pauls kleiner Wohnung, den schwarzen Mischling kurz an der Leine. Zutraulich drängte das Tier sich an Paul und quittierte dessen Liebkosung mit heftigem Wedeln seines buschigen Schweifes, ohne dabei die Augen von seinem Herrchen zu wenden. Dann trottete er sittsam hinter Martin ins Zimmer und machte es sich zu dessen Füßen bequem. Paul hatte eine Colaflasche aus dem Kühlschrank genommen und stellte einen Teller mit Pfeffernüssen dazu. „Darf Hektor auch eine haben?“ „Klar“, lachte Paul, „niemand soll bei mir hungern und frieren. Verschworene Freunde ihr zwei, hab’ ich recht?“

Das war wohl das Stichwort gewesen. Martins senkte den Kopf und machte sich an seinen Schuhen zu schaffen. „Hektor soll weg“, platzte er unvermittelt heraus. „Nun mach’ aber Sachen“, rief Paul, ehrlich erschrocken. „Was ist denn passiert?“

„Meine Mutter und ich, wir zieh’n in ‘ne kleinere Wohnung“, war die gemurmelte Antwort. „Da sind Tiere verboten.“ Natürlich, jetzt kam es Paul wieder. Die Eltern lebten in Scheidung. Das hatte er tatsächlich vergessen.

„Und dein Vater?“ Obwohl es ihm schwerfiel, das Mitgefühl mit dem Kind zu verbergen, bemühte sich Paul um einen sachlichen Ton, „kann er Hektor nicht nehmen?“

„Seine Freundin mag keine Hunde.“ Martin zog eine Grimasse. In Paul begann es langsam zu kochen, wie immer, wenn er sich ohnmächtig fühlte.

„Und darum muß Hektor ins Tierheim.“ Martins Stimme klang heiser. Er schluckte krampfhaft. „Wir haben schon alle Bekannten gefragt, keiner will ihn.“

„Und wann?“, fragte Paul töricht. Ein Trost für das Kind fiel ihm nicht ein, wenn auch Gedanken wie Neujahrsraketen sein Hirn durchschossen. Er selbst hatte allenfalls Zeit und Platz für einen Kanarienvogel. Aber ein Hund? Nein, unmöglich. „Nach Weihnachten“, sagte der Junge.

„Also, wenn das so ist, dann bring' ihn zur Adventsfeier mit – ich nehm' es auf meine Kappe". Paul bedachte Hektor mit einer gehäuften Handvoll Gebäck. Eine Weile hörte man nur das zufriedene Schmatzen des Hundes. „Kopf hoch, Martin, vielleicht findet sich doch noch eine bessere Lösung!" versuchte es Paul. Es klang nicht sehr überzeugt, und auch der Junge empfand wohl die Halbherzigkeit seines Trostes. „Danke Paul", sagte er tonlos. „Und jetzt muß ich gehen."

„Und die neuen Discs ...?" fragte Paul. Martin schüttelte verneinend den Kopf. „Keine Zeit!" Jetzt wo Mutter allein war, blieb er abends fast immer zu Hause. Aber das brauchte ja niemand zu wissen.

Paul brachte seine Gäste zur Tür. Er hatte ein flaues Gefühl im Magen. Mit großem Geräuschaufwand räumte er auf. Plötzlich schien das Alleinsein ihm unerträglich. Er zerrte den Mantel vom Haken und strebte seinem Stammlokal zu. Beim Eintritt schlug ihm wie immer der vertraute Geruch, eine Mischung aus Sauerkraut, Bier und Tabakrauch, wärmend entgegen. Der Jahreszeit Rechnung tragend hatte Hermann, der Wirt, einen Tannenstrauß auf die Theke gepflanzt, dessen grellbunte Kugeln sich langsam im Luftzug drehten. Paul entspannte sich langsam und warf auf der Suche nach einem vertrauten Gesicht einen Blick in die Runde. Aus der Ecke rief jemand. „'nen Abend, Paul!" Er wandte sich um und entdeckte an einem der hinteren Tische Herrn Simoneit. Armer Kerl! Seit dem Tod seiner Frau suchte er hier in der Kneipe Trost und Gesellschaft. Paul stand der Sinn im Moment nicht nach Trösten. Doch Simoneit hatte ihn schon an der Angel. „Kommen Sie, setzen Sie sich auf ein Weilchen zu mir!“, rief er erfreut und schob ihm einen der klobigen Stühle hin.

„Auch Budenkoller, wie?“, fragte Paul, ohne sich niederzulassen. Simoneit legte das lange Gesicht in Falten. Er erinnerte Paul dann immer an einen Dackel. „Ja“, bemerkte er melancholisch, „wenn daheim niemand auf einen wartet ... und das Haus so entsetzlich leer!“ Paul nickte, doch nicht so teilnahmsvoll wie gewöhnlich. Seine Gedanken kreisten noch immer hilflos um Martin und Hektor.

Und plötzlich war die Idee da, er wußte nicht wie. Er setzte sich und bestellte ein Bier. „Herr Simoneit, mögen Sie eigentlich Hunde?“, fragte er unvermittelt. Simoneit sah ihn entgeistert an. „Helga hat Angst vor Hunden!“ „Hatte Angst“, berichtigte Paul ihn milde. „Ja, ja, Sie haben ganz recht“, gab Simoneit zu. „Das passiert mir noch immer.“ – Er blickte trübsinnig in sein Glas. „Na klar, früher, da hatte ich Hunde. Bin ja als Försterssohn aufgewachsen.“

„Interessant, das wußte ich nicht!“ Paul sah sein Gegenüber erwartungsvoll an. Würde er anbeißen oder nicht? Tatsächlich fing Simoneit an zu erzählen.

Sie saßen, bis Hermann zum Kassieren erschien und die Kellnerin Sonja geräuschvoll die Stühle hochstellte.

Eine Weile standen sie trotz des Nieselregens noch vor der Tür, denn Pauls Wissensdurst war nicht gestillt.

Beim Abschiednehmen bemerkte er: „Was ich noch sagen wollte: Da gibt es in unserer Gemeinde ein Kind und einen Hund, an dem sein ganzes Herz hängt. Die beiden sind übel dran.“ Er berichtete kurz. Simoneit gab einen Brummlaut von sich, den man als Ausdruck des Ärgers oder des Mitgefühls auslegen konnte. Das war alles. Dann trennten sie sich. Doch Paul fand, der Abend war nicht umsonst gewesen.

In der Woche darauf lief der Draht zwischen Paul und Herrn Simoneit warm.

Am Tag, der für die Adventsfeier des Jugendkreises angesetzt war, hatte sich Hektors Fell unter Martins energischen Bürstenstrichen in mattglänzende Seide verwandelt. Jetzt schritt das Tier würdevoll und mit stolz erhobener Rute neben Martin in den kerzengeschmückten Raum, wo ihn die Burschen begeistert begrüßten.

Paul sagte: „Außer Hektor haben wir heute noch einen Gast willkommen zu heißen. Es ist Herr Simoneit neben mir, den ich gebeten habe, uns zu erzählen, wie sein Weihnachten früher aussah. Er ist – was ich auch erst kürzlich erfuhr als Sohn eines Försters aufgewachsen, weit entfernt von uns hier, in den großen Wäldern des Ostens. Mehr verrate ich nicht.“

Herr Simoneit mußte sich mehrfach räuspern. Am Stammtisch ein bißchen von früher zu plaudern war eine Sache, eine andere war es, einer so quicklebendigen Schar ein Stück Vergangenheit, seine Vergangenheit, lebendig zu machen. Doch dann begann die

Erinnerung sich zu einer Kette farbiger Bilder zu formen. Er merkte nicht mehr, wie die Zeit verging, und die Jungen vergaßen, wie Paul konstatierte, vor lauter Spannung sogar, mit den Tannenzweigen zu zündeln.

Martin, in seine Sorgen versunken, lauschte erst auf, als Simoneit von den Hunden erzählte, den treuen Begleitern des Försters, die man am Heiligen Abend auch nicht vergaß und mit allerlei Leckerbissen bescherte. Er tätschelte Hektor, der glücklicherweise von seiner tristen Zukunft nichts ahnte, und überließ sich dann wieder seinen trüben Gedanken. Wie sollte er Weihnachten feiern, wenn das Schicksal seines besten Freundes so ungewiß war? Und überhaupt, was würde das für ein Leben sein, ganz ohne Hektor?

Am Ende der Feier stand Herr Simoneit neben Paul an der Tür.

Man wünschte sich gegenseitig ein frohes Fest. Martin hing noch ein bißchen herum. Als Herr Simoneit dem Jungen die Hand zum Abschied hinstreckte, bemerkte er freundlich: „Einen schönen Hund hast du da!“ und strich Hektor über das glänzende Fell. „Erinnert mich an unsern Leo von damals. Dasselbe lockige Fell und die treuen Augen. Unzertrennlich sind wir gewesen, der Leo und ich.“

Martin starrte Herrn Simoneit an. Er schluckte mehrfach und sammelte Mut. Dann stieß er hervor: „Könnten Sie ihn nicht nehmen? Er müßte sonst nämlich ins Tierheim.“ Zaghaft blickte er an Herrn

Simoneit hoch und dann verlegen hinüber zu Paul. „Ich würde auch für die Verpflegung sorgen," fügte er hastig hinzu. Herr Simoneit lachte. Er lachte tatsächlich, dieser ernste Mann. Paul stellte es mit Erstaunen fest. Die Dackelfalten waren fast ganz verschwunden. „Na", sagte er zu Martin gewandt und schlug dabei Paul auf die Schulter, „einen besseren Anwalt als Paul hättet ihr wahrhaftig nicht finden können. Ist euch das klar? Er hat mir nämlich – ganz nebenbei selbstverständlich – schon was von euch zweien erzählt."

Martin schaute erstaunt von Paul zu dem freundlichen Mann. Sein Gesicht war vor Aufregung rot wie eine Tomate geworden. „Sie würden ihn nehmen?" stotterte er. „Wir könnten es ja mal miteinander versuchen", war Herrn Simoneits ernste Antwort. „Ich würde ihn als Besuch betrachten. Das heißt, du, Martin, du müßtest dich oft, sehr oft sogar bei uns blicken lassen... Hektor soll dich ja schließlich nicht vergessen. Ich bin sicher, es kommt der Tag, wo ihr einen Vermieter findet, der ein Herz für Kinder und Tiere hat."

Martin war so überwältigt von dieser Wendung der Dinge, daß es ihm die Sprache verschlug. Er nickte nur glücklich, und das Tier ließ einen zufriedenen Blaffer hören, als verstünde es, daß es um ihn ging.

Sternstunden sind nicht häufig in so einem Job wie dem meinen, sinnierte Paul und machte sich auf den Weg nach Hause. Aber dies war eine solche gewesen. Eine Bethlehemssternstunde, sozusagen ...

Der Verkündigungsengel

Paul hatte seine liebe Not, das aufgeregte Geplapper der Kinder zu übertönen. Fast schreiend erklärte er schließlich: „Karin wird die Maria sein“ – und es klang endgültig. Josef, auf den man sich seiner Größe wegen ohne Umstand geeinigt hatte, schien mit der Wahl zufrieden.

„Kramt in Mutters Klamottenkiste“, fuhr Paul fort, „und bringt nächstes Mal mit, was sich eignen könnte. Maria soll was Blaues tragen. Die Hirten brauchen nur Hüte und Stecken.“

„Halt mal“, unterbrach er sich plötzlich, „uns fehlt ja noch der Verkündigungsengel.“ Sein Blick schweifte über die Schar.

Ausgerechnet Stephans Finger schoß in die Höhe.

Kommt nicht in Frage, du bist viel zu klein – die Antwort lag Paul schon auf den Lippen; da sah er in das Kindergesicht und die erwartungsvoll auf ihn gerichteten Augen. Im Hintergrund begannen die Mädchen zu kichern. „Der ist doch ein Gartenzwerg und kein Engel“, hörte er Josef flüstern – und alle lachten. Langsam ließ Stephan den Finger sinken. Sein rundes Gesicht war rot bis unter die Haare. „Alles klar“, sagte Paul plötzlich und fast gegen seinen Willen, „du bist der Engel.“ Das Lachen verstummte und Stille trat ein.

„Du kannst die Kanzel benutzen, da sieht man dich gut“, fuhr er fort, „und sprechen kannst du ja laut.“ Der Junge nickte selig und stumm. Schon bei der ersten Probe sprach Stephan den Text fehlerfrei. Er gab den Worten Bedeutung und Würde. Alle Unruhe verbot sich dabei von selbst und Paul beglückwünschte sich insgeheim zu seiner Wahl.

Stephans Mutter hatte ihm weiße Tücher zu einem Gewand zusammengeheftet und ein Paar Flügel aus Pappe gefertigt, mit silberner Folie beklebt.

Das Kind mochte mit seinen Gedanken wohl noch bei der Probe gewesen sein, daß es das Auto nicht sah. Der Fahrer erklärte später, der Junge sei ihm direkt in den Wagen gelaufen, und wenn er nicht wie eine Schnecke gekrochen wäre wegen des dichten Verkehrs ... So war es nur zu einem Beinbruch gekommen, was unter den Umständen noch ein vergleichsweise harmloser Ausgang war.

Nur Stephan selbst schien anderer Ansicht zu sein. Er lag auf dem Krankenhausbett mit schmalen Lippen und einer senkrechten Falte zwischen den Brauen, die in dem Kindergesicht seltsam unpassend wirkte. Ärzte und Schwestern hatten dem kleinen Patienten bislang kaum eine Antwort entlocken können. Er rührte sein Essen kaum an und wies standhaft selbst Leckerbissen zurück, so daß man erwägen mußte, ihn durch den Tropf zu ernähren.

Als Paul von dem Unfall erfuhr, hängte er ein Schild mit der Aufschrift „Für zwei Stunden geschlossen“ an die Tür seines Büros und begab sich mit einer Tüte Weihnachtsgebäck auf Krankenbesuch.

Das Gesicht des Kleinen erhellte sich kurz, als Paul das Zimmer betrat, das er mit zwei älteren

Männern teilte. Dann allerdings begannen sich seine Augen mit Tränen zu füllen. Er schenkte weder Pauls Späßen noch der Tüte Beachtung und preßte nur mühsam heraus: „Ich glaube, die Flügel sind heil geblieben – wenn du sie brauchen kannst – ich meine für den, der an meiner Stelle ...“ Er mußte schlucken und ließ den Satz unbeendet.

„Na, mal langsam“, entgegnete Paul und begann zu begreifen. „So schnell wird nicht kapituliert.“

„Vier Wochen Krankenhaus, hat der Doktor gesagt“, gab Stephan murmelnd zur Antwort. „Dann ist Weihnachten lange vorbei.“

Die zwei Männer hoben die Köpfe, erstaunt über ihren bislang stummen Zimmergenossen. Paul hatte den Kopf zur Seite geneigt, wie immer, wenn er scharf nachdenken mußte. „Vier Wochen also“, dachte er laut, „aber du warst Spitze, Stephan, da ist an Ersatz nicht zu denken.“ Und plötzlich kam ihn die Lösung. „Wie wäre es denn“, fuhr er fort, „wenn man den Engel nur hören würde, denn daß man sie sieht, die Engel, das ist doch ohnehin selten der Fall. Ist doch ‘ne Möglichkeit, oder?“

Stephan starrte seinen Besucher an. „Wie meinst du das“, stotterte er, und seine Lippen zuckten noch immer verdächtig.

„Nun“, sagte Paul, „denk mal nach, das ist doch ganz einfach. Wozu haben wir denn unseren Recorder. Du sprichst deine Botschaft auf die Cassette und alles andere kannst du mir überlassen. Üben mußt du allerdings noch weiter“, ermahnte er, „aber dazu hast du ja hier im Bett reichlich Zeit”.

„Ich komme vorher noch mal zur Probe.“

Stephans Wangen begannen zu glühen. „O.k., Paul“, sagte er eifrig, „wenn du meinst, daß es geht ...“

„Klar“, sagte Paul, „ich wußte, du läßt uns nicht hängen.“ Als Paul gegangen war, aß Stephan die ganze Tüte Weihnachtsgebäck leer. Noch am selben Abend begann er mit den Proben. „Fürchtet euch nicht“, klang es mit heller, aber fester Stimme aus Zimmer C 230 – am Morgen, am Abend und öfters auch mitten am Tag.

Nicht selten stellten sich neugierige Zuhörer ein, die sich auf Krücken und Gehgestellen zu ersten Ausflügen auf die Krankenhausgänge wagten, und es konnte vorkommen, daß Türen leise geöffnet wurden, wenn die Engelsbotschaft erklang. „Es geschehen doch noch Zeichen und Wunder“, scherzten die Schwestern, „neuerdings bleiben wir auf unseren Beruhigungsmitteln sitzen. Und friedlich ist es geworden auf der Station – selbst der Opa von 245 flucht kaum mehr, und wenn, dann nur noch ganz leise.“

Beim Krippenspiel am Heiligen Abend fand die Gemeinde, die Stimme des Engels, den man nicht sah, sei besonders eindrucksvoll gewesen.

Paul, sagte man, habe wahrhaftig Wunder mit diesen Kindern vollbracht.

Der Schatz in der Krippe

„Gar nicht so schlecht!“ sagte Paul, aber er war noch nicht ganz zufrieden. „Noch ein bißchen mehr Ausdruck, versteht ihr? ‘Ich steh’ an deiner Krippen hier ...’ Das kann man nicht g’rad so runtersingen. Die Weihnachtskrippe ist ein besonderer Ort ... Da kann man alles abladen, und da kommt alles wieder in Ordnung. – Denkt daran, wenn ihr am Heiligen Abend singt!“ Die Gruppe begann, ungeduldig mit den Notenblättern zu rascheln. „Morgen wird in der Kirche geprobt!“, konnte Paul gerade noch rufen, dann knufften die Burschen sich gegenseitig zur Tür hinaus.

Markus verließ als letzter den Raum; seine linke Hand in der Hosentasche krallte sich um die Börse, die er vorhin gefunden hatte – auf dem Platz vor der Kirche – mit ‘nem Hunderter drin... Das Glück war zu groß, um es recht zu begreifen: Nun konnte er sich den Recorder kaufen, sein heißester Wunsch seit zwei Jahren. Daß er ihn nicht unter dem Weihnachtsbaum finden würde, war klar. „Tut mir leid, mein Junge,“ hatte Mutter gesagt, wo Papa schon so lange arbeitslos ist ...“.

Diesmal ging er nach der Probe nicht gleich nach Hause wie sonst, vielmehr schlenderte er in der Stadt an den glitzernden Auslagen entlang, blieb vor denjenigen mit den High-Tech-Geräten stehen und verglich die Preise, doch ohne ein Geschäft zu betreten. Morgen, dachte er, morgen wird eingekauft.

Wer mochte die Börse verloren haben? Die Frage tauchte plötzlich auf, als er abends im Bett lag und ließ ihn nicht los. Ein Kind vielleicht, das jetzt Prügel dafür bekam? Oder jemand Reiches, der den Verlust gar nicht bemerkte? Na, dafür sah die Börse zu schäbig aus. Also doch jemand Armes, der davon ein Weihnachtsgeschenk hatte kaufen wollen, sinnierte er.

Als er endlich einschlief, träumte er, daß die zwei Nullen des Blauen sich in zwei Steine verwandelt hatten, die ihn erdrücken wollten. Mit einem Schrei fuhr er hoch.

Der nächste Tag war nicht viel besser: In der Schule hatte er Streit mit Klaus, seinem besten Freund, und zu Hause ließ er die Suppenschüssel fallen, die er hätte auf den Tisch tragen sollen. Es gab Schelte und nichts zu essen. Danach ging er nicht, wie geplant, in die Stadt, um den Recorder zu kaufen, denn er wußte plötzlich, er würde keinen Spaß an ihm haben. – Sein Problem war nun nur: Wohin mit der Börse? Er wollte sie los sein, so schnell wie möglich! Er überlegte dieses und jenes, aber erst abends, als man sich um die Krippe scharte, um mit Paul noch einmal die Lieder zu proben, kam ihm die Idee. Das wäre die Lösung! Als alle schon die Kirche verließen, blieb er selbst noch ein Weilchen nachdenklich vor den Krippenfiguren stehen. Erst als Paul ihm von der Türe her zurief: „Kommst du endlich, Markus, oder willst du hier übernachten?“, ließ er blitzschnell die Börse im Stroh der Krippe verschwinden. „Nun richte du es, Jesus!“, murmelte er und raste dann hinter den anderen her die Straße hinunter. Plötzlich fühlte er sich ganz high. Er rannte mit den anderen um die Wette. Sie schrien und tobten. Das Leben war schön!

„Da hat man wieder so ein altes Weiberl beklaut“, sagte der Vater am anderen Morgen beim Frühstück und lugte über die Zeitung hinweg. „Hundert Mark – auf dem Platz vor der Kirche – Menschen gibt es!“ – Markus zuckte zusammen. „Vielleicht hat sie das Geld ja auch nur verloren“, stieß er hervor, und ehe die erstaunte Familie es sich versah, war er aus dem Zimmer verschwunden.

„Paul“, dachte er. „Ich muß gleich zu Paul.“ Den fand er in seinem Büro, die Arme in die Seiten gestützt, vor einem Berg von Kleidern, Schuhen und Kinderspielzeug . „Willst du mir beim Sortieren helfen? Das müßte ich noch alles verteilen. Und morgen ist Heiliger Abend ...“, fragte er Markus. – Der hörte ihm gar nicht zu, sondern sprudelte seine Geschichte heraus. „Aber ich hab’ das Portemonnaie nicht gestohlen, ich hab’ es vor der Kirche gefunden. Du mußt mir das glauben!“, endete er seine Beichte.

Paul nickte. „Alles klar, Markus!“

„Jetzt gehen wir zusammen zur Krippe und holen das Geld. Und dann ruf’ ich bei der Zeitung an. – „Übrigens“, fuhr er nach einer kleinen Pause fort, „sagtest du vorhin nicht was von einem Recorder? Na, was hältst du von dem da?“ Er holte das Gerät aus einem Regal. „Auch so’n Geschenk von jemand, der sich ‘nen neuen gekauft hat. Funktioniert noch perfekt. Wenn du willst, kannst du ihn haben."

Markus war vor Freude und Überraschung ganz rot geworden. Behutsam strich er mit dem Zeigefinger über die Knöpfe. „Danke, Paul", sagte er leise. „Und was du da neulich von der Krippe gesagt hast, du, das ist wahr!"